RAINER STUHLMANN
ZWISCHEN DEN STÜHLEN
ALLTAGSNOTIZEN EINES CHRISTEN
IN ISRAEL UND PALÄSTINA

DENEN, DIE IN UND FÜR NES AMMIM
LEBEN UND ARBEITEN

RAINER STUHLMANN

ZWISCHEN DEN STÜHLEN

ALLTAGSNOTIZEN EINES CHRISTEN
IN ISRAEL UND PALÄSTINA

Dieses Buch wurde auf FSC®-zertifiziertem Papier gedruckt.
FSC (Forest Stewardship Council®) ist eine nichtstaatliche,
gemeinnützige Organisation, die sich für eine ökologische und
sozialverantwortliche Nutzung der Wälder unserer Erde einsetzt.

Bibliografische Information der Deutschen Nationalbibliothek

Die Deutsche Nationalbibliothek verzeichnet diese Publikation in der
Deutschen Nationalbibliografie; detaillierte bibliografische Daten sind im
Internet über http://dnb.d-nb.de abrufbar.

Die Bibeltexte wurden folgender Übersetzung entnommen: Lutherbibel,
revidierter Text 1984, durchgesehene Ausgabe, © 1999 Deutsche Bibelge-
sellschaft, Stuttgart.

Freunde, dass der Mandelzweig, Text: Schalom Ben-Chorin (nach Jer. 1,11)
© (Text) 1942 SCM Hänssler, 71087 Holzgerlingen.

2. Auflage 2015
© 2015 Neukirchener Verlagsgesellschaft mbH, Neukirchen-Vluyn
Alle Rechte vorbehalten
Umschlaggestaltung: Andreas Sonnhüter, Niederkrüchten unter
Verwendung der Bilder von © Dinga, ZouZou / shutterstock.com und
© Kemter / iStockphoto.com
Lektorat: Hauke Burgarth, Pohlheim
DTP: Breklumer Print-Service, Breklum
Verwendete Schriften: Adobe Garamond Pro, Futura
Gesamtherstellung: Pustet, Regensburg
Printed in Germany
ISBN 978-3-7615-6179-9 Print
ISBN 978-3-7615-6180-5 E-Book

www.neukirchener-verlage.de

INHALT

GELEITWORT   9

VORWORT   11

1. ZWISCHEN JÜDINNEN UND JUDEN

Von Juden lernen – Das Programm Nes Ammims	13
Weihnachten in Nes Ammim	15
Trost und Tatkraft – Eine streitbare Israelin aus Großbritannien	15
Erlösung aus Feindbildern – Erfahrungen mit Haredim	17
Aufwachen und das Schweigen brechen – Ein mutiger Soldat	18
Manche schämen sich einfach – Beherzte Frauen	19
Patriotinnen oder Vaterlandsverräter?	21
Versöhnung ist harte Arbeit – Erfahrungen eines Sechzehnjährigen	22
Nicht den leichtesten Weg wählen! – Kritischer Umgang mit jüdischer Tradition	23
Sichtbares und unsichtbares Judentum	25
Einer, der seine Feindbilder bestätigt finden möchte	28

2. ZWISCHEN VERGANGENHEIT UND ZUKUNFT

Das Wunder, dialogfähig zu werden	31
Am Leiden der anderen teilnehmen	32
Wenn ein Palästinenser in Israel der „Kristallnacht" gedenkt	33
Deutscher Volkstrauertag in Israel	35
Ein KZ auf Israels Boden?	36

3. ZWISCHEN CHRISTINNEN UND CHRISTEN

Weihnachten in Nazaret und Me'ilya 37
Weihnachten in Bethlehem 39
Haben oder Sehnsucht haben? 40
„Hinauf nach Jerusalem!" – Alternative Pilgererfahrung 42
Erdöl aus Israel 43
„Messianisches Judentum" in Israel 44
Die Jesaja-19-Autobahn 50

4. ZWISCHEN JUDEN UND PALÄSTINENSISCHEN CHRISTEN

Palmsonntagsprozession – re-politisiert 53
„Christus am Kontrollpunkt" 55
Wenn Juden und Christen in Jerusalem gemeinsam die
gleiche Bibel studieren 56

5. ZWISCHEN ANDEREN RELIGIONEN

Die Völker werden kommen – der Name „Nes
Ammim" 59
Der barmherzige Gott und die unbarmherzigen
Religiösen 61
Verschiedene Religionen – ein und derselbe Gott 67

6. ZWISCHEN JÜDISCHEN UND PALÄSTINENSISCHEN ISRAELI

Mein Fels und meine Burg – Wer findet hier Zuflucht? 69
Gastfreundschaft 70
Dem Fremden vertrauen lernen 72
Wandern in Galiläa – ein Politikum 73
Wie sich die linke mit der rechten Seite verbindet 74
Ein palästinensisch-israelischer Zitronenbaum 75

7. ZWISCHEN ISRAELI UND PALÄSTINENSERN

Zuflucht finden, ohne andere zu bedrücken   77
Und was sagt das Völkerrecht?   78
Wem gehört das Land? – Biblische Antworten   80
Haben die Palästinenser verspielt oder sind sie beraubt
worden?   82
„Palästina gab es nie – und wird es niemals geben"?   84
Andere von der anderen Seite sehen   85
Raum für neue Erfahrungen – ein gemeinsames
Seminar in Nes Ammim   87
Arznei gegen den Kummer – „Die Kämpfer für
den Frieden"   89
Trauer teilen und verarbeiten – Gemeinsames
Totengedenken   90
Wenn der Schmerz fruchtbar wird – Verwaiste Eltern in
Palästina und Israel   91
B D S – Blindheit – Dummheit – Schwachsinn?   92
Im Kampf gegen Sodom und Gomorrha   94
In Palästina gehen die Uhren anders   96
Für Palästinenser eintreten, ohne zu Gegnern Israels zu
werden   97
Endet der Rechtsstaat Israel an der Green Line?   98
Die Täter zur Rede stellen   100
Kollektivstrafe – Welch eine Torheit!   102
„… aber wir können Menschen verändern"   103
Der Tag wird kommen!   105

8. ZWISCHEN ISRAEL UND SEINEN NACHBARN IM KRIEG

Israel ist nicht der Aggressor   107
Israels Regierung – Urheber der Eskalation der Gewalt   108
Raketen-Alarm in Nes Ammim …   109
… und wie darüber in Deutschland berichtet wird   111
Gegen-Erfahrungen zum Krieg   112
Der Gaza-Krieg ist kein Krieg gegen
das palästinensische Volk   114
Alternativen zum Gaza-Krieg?   115
Kommt nach Israel und Palästina!   117

9. ZWISCHEN DEN „FREUNDEN ISRAELS" UND DEN „FREUNDEN PALÄSTINAS"

„Falsche Freunde"   121
Ein Prominenter unter den „Freunden Palästinas"   126
Drei israelische Opfer und unbekannte Täter – und was
die „Freunde Israels" daraus machen   127
… und dann geschah ein vierter Mord   130
Die Schlacht um Gaza zwischen den
deutschen Sympathisanten   131
Wie die „Freunde Palästinas" ihr Feindbild „Israel"
pflegen   135
Latenter und offener Antisemitismus in der Israel-Kritik   136
Bin ich ein Antisemit?   137
Wieder etwas gelernt   139

ANHANG

Vom Nutzen des jüdischen Neins zum Messias
Jesus – Predigt über Römer 11,25–32   141
Von Juden lernen – das aktuelle Studienprogramm
Nes Ammims   148

GELEITWORT

In Nes Ammim materialisiert sich, was wir theologisch erarbeitet haben und vertreten: Das Verhältnis zwischen Christentum und Judentum bedarf der Erneuerung. Dieser Prozess steht nach beinahe zweitausend Jahren Entfremdung, Überlegenheitsansprüchen und auch Feindschaft immer noch am Anfang. Vor allem aber sind wir in der Erneuerung unseres Verhältnisses zum Judentum Lernende und nicht Lehrende. Rainer Stuhlmann redet nicht über solche notwendigen Erneuerungen, er lebt vielmehr in ihnen. Er lebt diese erneuerte Haltung und lässt auch uns daran teilhaben durch die Begegnungen und Erlebnisse, von denen er erzählt.

Eine solche Haltung des Lernens, die wir als Kirche mit Blick auf das Judentum immer neu einzuüben haben, überträgt sich auch auf andere Fragen: Im Streit um das „Heilige Land", im Nahostkonflikt sitzen wir mit Rainer Stuhlmann oft „zwischen den Stühlen". Dabei gibt dieses Buch keine einfachen Antworten, sondern lässt uns vielmehr teilhaben an den Fragen der Menschen vor Ort. Es gibt keine Reduzierung auf Schwarz-Weiß-Bilder, auch wenn viele aus der Distanz gerne durch klare und eindeutige Parteinahmen Stellung beziehen möchten. Das Buch mutet uns Bilder mit Farbnuancen und Schattierungen zu. Es bezieht uns als Fragende und Antworten Suchende ein. Und das ist, wie ich finde, die angemessene Haltung!

„Als sie nun Mose aussandte, das Land Kanaan zu erkunden, sprach er zu ihnen: Zieht da hinauf ins Südland und geht auf das Gebirge und seht euch das Land an, wie es ist, und das Volk, das darin wohnt [...]. Seid mutig und bringt mit von den Früchten des Landes!" (4. Mose 13,17ff) – Rainer Stuhlmann nimmt uns mit in seine alltäglichen Erfahrungen, teilt mit uns Früchte seiner aufmerksamen Beobachtungen. Wie ein Kundschafter erzählt er und gewährt Einblicke in Begegnungen mit jüdischen Israeli, palästinensischen Israeli, christlichen Palästinensern, Muslimen, Christinnen und Christen aus Europa, die nach Israel und Palästina kommen.

Rainer Stuhlmann wünsche ich Gottes Segen für seine wichtige Arbeit und seinen weiteren Weg. Dem Buch möge es gelingen, festgefahrene Bilder zu erneuern und Perspektiven zu eröffnen – als Bereicherung für seine möglichst vielen Leserinnen und Leser.

Dr. h.c. Nikolaus Schneider,
Ratsvorsitzender der Evangelischen Kirche in Deutschland a.D.

VORWORT

Ein großes Geschenk war es für mich nach fast vierzig Jahren als Pastor im Rheinland, für einige Jahre meines Ruhestandes im „Land der Bibel" leben zu können. Seit August 2011 plane und gestalte ich für die Freiwilligen in dem internationalen ökumenischen Dorf Nes Ammim die Studienarbeit. Dabei komme ich viel herum in Israel und Palästina. Je mehr ich sah und hörte, desto mehr wich die Illusion, in diesem verwirrenden Land den Überblick oder gar den Durchblick zu bekommen. Als Kinder spielten wir mit Glaskästchen, in denen farbige Scherben eingeschlossen waren, die ein buntes Bild ergaben. Mit jedem Klick an das Kästchen entstand ein neues Bild. So fühlte ich mich in meiner neuen Heimat. Beinahe jede Woche zerbrach ein Bild, das ich meinte gewonnen zu haben, und machte einer neuen Erfahrung Platz. Meine Irritationen feuerten mich an, weiter zu suchen und zu fragen. Allmählich entstand – kein Film, sondern eine aufregende Kette spannungsvoller Momentaufnahmen.

Nach einigen Monaten hatte ich das Bedürfnis, für meine Verwandten, meine Freundinnen und Freunde aufzuschreiben, was ich erlebt habe. Ich war überrascht, welch großes Interesse meine Geschichten fanden. Mehr und mehr Menschen baten mich, meinen Rundbrief zu bekommen. Ich lernte, ein Blog im Internet und eine damit verlinkte Facebook-Seite zu errichten, auf denen ich meine Geschichten und Überlegungen publizierte. Seit ich in Israel lebe, ergaben sich die Themen für die verschiedenen Radio-Sendungen bei DeutschlandRadio Kultur und beim WDR, an denen ich seit Jahren mitwirke, wie von selbst aus dem, was ich täglich erlebte. Schließlich erreichte mich eine Anfrage des Neukirchener Verlags, daraus ein Buch zu machen. Dafür habe ich die Texte aus meinem Blog gekürzt und überarbeitet. Die chronologische ist zu einer thematischen Ordnung geworden. Das mit dem Wort „zwischen" angedeutete vielfältige Spannungsfeld ist jetzt systematisch geordnet.

„Zwischen den Stühlen" fühlte ich mich von Anfang an in Israel und Palästina. Das heißt nicht, dass ich zu beiden Seiten gleichen Abstand halte. Ich bin nicht neutral. Das kann ich nicht sein, denn ich bin als Europäer, als Deutscher und als Christ längst Teil der Konflikte. Ich bin ein Freund von Jüdinnen und Juden und von Palästinenserinnen und Palästinensern, ein Freund Israels und Palästinas. Ich bemühe mich um eine „doppelte Solidarität". Und darum stehe ich in bestimmten Situationen des Konfliktes an der Seite von Palästinensern zum Ärger der unbeweglichen „Freunde Israels". Und in anderen Situationen ergreife ich die Partei von Juden zum Ärger der unbeweglichen „Freunde Palästinas". Ich bin hin und her gerissen und versuche, die Freundschaft zu den einen nicht zur Feindschaft gegen die anderen werden zu lassen. Das ist ziemlich unbequem, aber für mich die einzig mögliche Haltung, in diesem Lande als Christ und Deutscher zu leben.

Die Bibel war es einst, die mich 1962 als Siebzehnjährigen das erste Mal ins „Land der Bibel" brachte. Die Bibel ist es heute, die sich mir durch meine Erfahrungen hier neu aufschließt und die mir hilft, dieses Land und seine beiden Völker besser zu verstehen. Auch davon lassen meine Geschichten etwas erkennen - und davon, dass ich die Bibel anders lese als viele andere Christinnen und Christen in diesem Land - auch aus Deutschland.

Nicht die Formulierung, wohl aber die Sichtweise „Zwischen den Stühlen" verdanke ich der jahrzehntelangen Freundschaft mit Katja und Dr. Tobias Kriener, die früher und öfter als ich in diesem Land gelebt haben. Oberkirchenrätin Barbara Rudolph und Landespfarrer Dr. Volker Haarmann haben mich ermutigt, mich im Alter noch einmal auf dieses Abenteuer einzulassen und mich bei meiner nicht immer leichten Aufgabe in Nes Ammim in jeder Weise unermüdlich unterstützt. Ihnen gebührt mein Dank.

Die Namen derer, die keine Personen des Öffentlichen Lebens sind, habe ich anonymisiert. Gewidmet ist das Buch denen, die in und für Nes Ammim leben und arbeiten.

Nes Ammim, im August 2014
Rainer Stuhlmann

1. ZWISCHEN JÜDINNEN UND JUDEN

Von Juden lernen – Das Programm Nes Ammims

Sie war ein Abenteuer – die Gründung von Nes Ammim, dem christlichen Dorf im Norden Israels, im Jahr 1963. Angefangen hat es damals in den Köpfen einiger Menschen in Holland, Deutschland und der Schweiz. Der massenhafte Mord an den Jüdinnen und Juden im Zweiten Weltkrieg hatte sie erschreckt. Und sie fragten sich: Wie konnte es dazu kommen? Wo liegen die Wurzeln für die Schoah, den Holocaust?

Eine Wurzel des modernen Antisemitismus und damit der Schoah ist der christliche Antijudaismus. Fast zweitausend Jahre lang erstrahlte das Christentum umso heller, je mehr es sich vom Judentum abhob, das es in schwärzesten Farben malte. Die Christen meinten, sie wüssten mehr als die Juden, sie wüssten es besser und hätten deshalb das Recht, ja die Pflicht, Juden zu belehren, zu missionieren und, wenn es gelingt, zu Christen zu machen. Im Mittelalter wurde diese Sichtweise von Christentum und Judentum symbolisch durch zwei einander gegenüber angeordnete Figuren dargestellt (siehe Bildteil). Die triumphierende Kirche als Königin mit Zepter und Krone, den Insignien der Macht, schaute herab auf die gedemütigte Synagoge als Magd mit zerbrochenem Stab und verbundenen Augen. Dieses christliche Überlegenheitsgefühl muss gründlich zerstört werden, damit es nicht noch einmal zu einer solchen Katastrophe kommen kann, sagten sich die Gründer von Nes Ammim. Eine radikale Umkehr war nötig.

„Kehrt nun um von euren bösen Wegen! Warum wollt ihr sterben?", heißt es beim Propheten Ezechiel in der Bibel. (Ezechiel 33,11) Die Gründer Nes Ammims waren davon überzeugt, dass das christliche Überlegenheitsgefühl gegenüber den Juden nicht nur korrigiert, sondern um 180 Grad gewendet werden musste. Von jetzt an hieß das Programm: „Von Juden lernen". Mit diesem Lernprogramm ging eine radikale Absage an jede Form der Judenmission einher.

Nes Ammim ist ein Lernort inmitten der jüdischen Welt. Hier sind die Juden in der Mehrheit und die Christen Minderheit und wir Gäste. Und so lebe ich dort in anderen Rhythmen, als in der christlich geprägten deutschen Gesellschaft. Der freie Tag ist der Schabbat, der am Freitagabend beginnt und bis zum Einbruch der Dunkelheit am Samstag dauert. Am Sonntagmorgen beginnt der harte Alltag einer geschäftigen Arbeitswoche, an dem die Straßen verstopft sind, weil alle aus dem Wochenende kommen. Nicht Weihnachten und Ostern bestimmen, wann Ferien sind, sondern Pessach und Sukkot. Die koschere Küche ist der Normalfall. Schweinefleisch sucht man vergeblich.

Wir Christinnen und Christen in Nes Ammim lernen von Juden, um unsere eigene Religion, das Christentum, besser zu verstehen. Denn das meiste in der christlichen Religion ist Judentum: der Glaube an den einen Gott, der uns in allem zuvorkommt, der gnädig und barmherzig ist, der Gerechtigkeit will. Von den Juden haben wir die Zehn Gebote, das Liebesgebot, das Gebot der Feindesliebe. Mit den Juden warten wir auf das Kommen des Messias. Die Frage, wer der Messias ist, der Retter der Welt aus Not und Leid, ist zwischen Juden und Christen strittig. Christen warten auf den Messias Jesus, auf sein Wiederkommen, Juden auf einen Messias, der noch nicht hier war. Aber darum streiten wir heute nicht mehr.

Wir warten ab – Juden und Christen. Ich bin als Christ ja auch darauf angewiesen, dass Jesus sich am Ende aller Tage tatsächlich als der erweist, als den ich an ihn glaube. Wenn ich das weiß, muss ich nicht streiten, sondern kann in souveräner Gelassenheit sagen: Soll der Messias doch selber sagen, wer er ist! Der jüdische Gelehrte Martin Buber hat noch eins drauf gesetzt und gesagt: „Wenn der Messias kommt, dann möchte ich ganz in seiner Nähe stehen, und noch bevor er irgendetwas sagen kann, möchte ich ihm ins Ohr flüstern: ‚Verrate es nicht!'" Auch am Ende soll nicht eine Religion über die andere triumphieren. Der einzige, der hier triumphieren soll, ist der Messias selbst – nicht die, die an ihn glauben und ihn erwarten.

Die Geschichte von Nes Ammim ist seit über fünfzig Jahren ein Weg der Umkehr und Erneuerung und des Lernens der Menschen unterschiedlicher Religionen.

Weihnachten in Nes Ammim

Selbst für das Verständnis dessen, was Christen zu Weihnachten feiern, können wir von Juden lernen. Zum Studienprogramm gehört auch ein Abend unter der Frage, was Christen von Juden für das Weihnachtsfest lernen können. Dabei werden manche irrigen Vorstellungen ausgeräumt. Ist Gott mit der Geburt Jesu „zur Welt gekommen"? Ja, aber er ist schon vorher in Israel zur Welt gekommen und darum auch an Weihnachten in Israel zur Welt gekommen. Ist Weihnachten die „Erfüllung" von Gottes Verheißungen? Nein. Es ist die Bekräftigung von Gottes Verheißungen, die nach wie vor auf Erfüllung warten. Ist Gott Mensch geworden? Nein. Gottes Wort ist Fleisch geworden, der Messias ist Mensch geworden. Das meint etwas anderes[1]. In den Nuancen kommt das Wesentliche zum Ausdruck, was wir von Juden lernen können und hier in Nes Ammim wird deutlich, dass es wirklich wesentlich ist.

Höhepunkt des Weihnachtsgottesdienstes war in diesem Jahr die Weihnachtsgeschichte aus dem Lukasevangelium, die abschnittweise in allen in Nes Ammim zur Zeit gesprochenen Sprachen gelesen wurde: Holländisch, Deutsch, Ungarisch, Litauisch und Italienisch. Schöne Verfremdungseffekte in einer internationalen Lebensgemeinschaft, wenn ich dabei von Maria, Guiseppe und Bambino höre!

Trost und Tatkraft – Eine streitbare Israelin aus Großbritannien

„Ich gehe oder liege, so bist du um mich und siehst alle meine Wege." (Psalm 139, 3) In diesen Worten finden Menschen Trost. Auch in Situationen, in denen sie sich fragen: Warum lässt Gott dem Bösen seinen Lauf? Dass Gott das Unrecht wenigstens sieht, nährt die Hoffnung, dass er ihm irgendwann ein Ende setzen und Recht schaffen wird. Und gleichzeitig motiviert mich dieser Gedanke, dass Gott meine Wege sieht, dann auch dazu, das mir Mögliche zu tun.

Vor kurzem traf ich Ruth, eine jüdische Israelin, Jahrgang 1946, in deren Lebensgeschichte ich beides entdecken konnte: die Kraft der Hoffnung, dass es am Ende gut wird, und die Tatkraft, das ihr Mögliche zu tun.

---

1 Mehr dazu siehe *Rainer Stuhlmann*, Was in der Juden Schulen für die Weihnachtspredigt zu lernen ist, in: Göttinger Predigtmeditationen 69/1, 2014.

Ruth ist eine unermüdliche Aktivistin, die für die Rechte der Palästinenser in Israel und den von Israel besetzten Gebieten in einem Maße eintritt, das manches europäische Engagement für Palästinenser in den Schatten stellt. Woher kommt diese Tatkraft?

Ruth ist in Großbritannien aufgewachsen. Sie war die einzige Jüdin in ihrer Schule. Mit elf Jahren wurde sie von ihrer Lehrerin vor die Klasse gestellt, und sollte erklären, warum die Juden den Heiland gekreuzigt haben. Noch heute spürt sie die beiden Stellen auf ihrer Stirn, die ihre Mitschülerinnen ständig befühlten, um zu spüren, ob ihr schon Hörner wachsen. Als sie mit achtzehn in London ein Zimmer suchte, scheiterte sie lange an der Regel der Vermieter „Keine Hunde, keine Schwarzen, keine Juden". Sie entstellte ihren Zunamen, um nicht als Jüdin erkannt zu werden, bis sie das nicht länger aushielt und zwei Jahre später nach Israel auswanderte.

Das war in den fünfziger und sechziger Jahren des 20., nicht des 19. Jahrhunderts. Das war nicht in Nazi-Deutschland. Wenn Juden und Jüdinnen solche Erfahrungen in unseren Tagen schon in einem westeuropäischen Rechtsstaat machen, wie viel mehr in Staaten und Gesellschaften der ehemaligen Sowjetunion, Osteuropas oder der arabischen und muslimischen Welt.

Mir wurde einmal mehr klar, warum es den Staat Israel geben muss. Nicht nur die Erfahrung der Schoah, des Holocausts, sondern auch der banale alltägliche Antisemitismus treibt Juden aus aller Welt nach Israel. Wie Ruth sind Millionen nach Palästina gekommen, um wenigstens an einem Platz dieser Erde geschützt und ungestört einfach jüdisch leben zu können.

Nur hier ist Judentum Leitkultur. Nur hier kann man unkompliziert koscher essen, alle jüdischen Feiertage und den Schabbat halten. Nur hier ist die Landessprache Hebräisch. Nur hier können Jungen Kippa und Schläfenlocken tragen, ohne gehänselt zu werden. Nur hier können sie sicher sein, dass nicht über Nacht der Ritus der Beschneidung männlicher Säuglinge zum Straftatbestand der Körperverletzung erklärt wird.

Angesichts der vielfachen Leidensgeschichten können die Verfolgten heute schon darin, dass sie in diesem säkularen Rechtsstaat Zuflucht gefunden haben, ein Zeichen der Treue Gottes zu seinem Volk Israel sehen. Und in der Hoffnung, dass Gott es am Ende für alle gut machen wird, setzen viele wie Ruth alles daran, dass in diesem Staat Völkerrecht und Menschenrechte eingehalten werden.

Erlösung aus Feindbildern – Erfahrungen mit Haredim

An einem Samstagnachmittag eilte ich zu Fuß durch Jerusalem zum Busbahnhof. Die Sonne stand schon ziemlich tief. Ich wollte den ersten Bus nehmen, um noch nach Hause in den Norden Israels zu kommen. Der startet kurz nach Sonnenuntergang.

In ganz Israel fahren am Schabbat, von Freitagabend bis Samstagabend, weder Busse noch Bahnen. Das haben vor Jahrzehnten die Haredim, die Ultraorthodoxen, durchgesetzt, obwohl sie nur eine Minderheit sind. Die säkulare Mehrheit bedauert das und nutzt am Schabbat umso mehr Taxis und Privatwagen.

Ich nahm die Prophetenstraße, eine der auch am Schabbat vielbefahrenen Straßen in Jerusalem, die den palästinensischen Teil mit dem Zentrum des jüdischen Teils verbindet. An einer Kreuzung bot sich mir ein bizarres Bild: Eine Traube von circa hundert Teenagern und einige erwachsene Männer; die Jungen und Männer sämtlich mit weißen Hemden, schwarzen Anzügen und großen schwarzen Hüten auf dem Kopf, unter denen die Schläfenlocken herausquollen, die Mädchen in knöchellangen Kleidern.

Die Jungen, angefeuert von den Mädchen, warfen ziegelsteingroße Steine auf die vorbeifahrenden Autos. Zwischendrin querten einzelne Übermütige die Straße und schlugen palästinensische Familien, die auf der gegenüberliegenden Straßenseite gingen, mit Steinen und Stockhieben in die Flucht. Die Erwachsenen applaudierten ihnen. Das war ihre Art, den Schabbat zu heiligen.

Mir blieb der Mund offen stehen. Ich spürte, wie in mir, ja, mein Antisemitismus aufstieg. Da bemerkte ich, dass um mich herum andere standen, die nicht weniger entsetzt waren als ich: eine Gruppe jüdischer Israeli. Einer holte gerade per Handy die Polizei herbei.

Ich schämte mich, dass mein Abscheu gegen die Untaten der extremen Eiferer einen Moment lang zum Abscheu gegen Juden geworden war. Als ob es nicht ähnliche Phänomene in jeder Religion gäbe. Wenn extreme Christen gegen Schwule und Lesben zu Felde ziehen zum Beispiel. Und gerade eine Woche vorher hatten muslimische Palästinenser in der Jerusalemer Altstadt Juden mit Steinen und Stöcken malträtiert.

„Gott wird Israel erlösen aus allen seinen Sünden." (Psalm 130,8) heißt es in der Bibel. Die Haredim denken bei „Israels Sünden" an die, die am Schabbat Auto fahren. Ich denke eher an sie, die andere mit Steinen und Stöcken traktieren.

Dieser 130. Psalm war übrigens einer von Martin Luthers Lieblingspsalmen. Luther hat sich hier mit Israel identifiziert, um sich seine eigenen Sünden vor Augen zu führen. Der Balken im eigenen Auge macht bescheiden, die Splitter in den Augen der anderen zu kritisieren. Und stärkt die Sehnsucht, dass Gott nicht nur Israel, sondern alle Welt erlösen wird vom Zwang zum Bösen. Diese Sehnsucht kann helfen, das Böse zu meiden und das Gute zu suchen.

Aufwachen und das Schweigen brechen – Ein mutiger Soldat

„Ich habe drei Jahre gebraucht, um meinen Militärdienst kritisch zu sehen", sagt Alon. Er ist ein Sohn russischer Einwanderer nach Israel, religiös und politisch konservativer Eltern. Alon ist in einer Siedlung auf der Westbank aufgewachsen. Natürlich will er dann als Achtzehnjähriger nicht nur zur Armee, sondern zur kämpfenden Truppe. Schon bald wird er Commander, übernimmt als Zwanzigjähriger Verantwortung für jüngere Soldaten und bildet sie aus.

„Wie übt man die Erstürmung eines palästinensischen Hauses? Man erkundigt sich", sagt er, „beim Inlandsgeheimdienst Shin Bet nach einer unbescholtenen ungefährlichen Familie, um seine unerfahrenen Jungs nicht unnötig in Gefahr zu bringen. Und dann umstellt man nachts um zwei deren Haus, tritt die Türe ein, wenn sie nicht gleich nach dem Klopfen geöffnet wird, isoliert Frauen und Kinder in einem, Männern in einem anderen Raum, durchsucht das Haus Zimmer für Zimmer, Stockwerk für Stockwerk, hinterlässt unermessliche Verwüstungen, verhaftet den Vater und die älteren Söhne, die dann nach einiger Zeit freigelassen werden, weil nichts gegen sie vorliegt."

Mit diesen wenigen Sätzen macht der junge Israeli deutlich, wie Besatzung funktioniert, was sie für das palästinensische Volk bedeutet und warum die Kritik in Israel so leise ist. Natürlich werden die Soldaten nie erfahren, dass es sich nur um eine Übung gehandelt hat. In der Logik des Systems kommen auch dem Commander keine Zweifel an der Rechtmäßigkeit seines Tuns. Jede Nacht passieren solche Übergriffe – begründet und unbegründet, auf Verdacht oder zur Übung. Den Zynismus können diejenigen nicht spüren, die sich vom Terror bedroht fühlen. Und sie können nicht sehen, wie solche Aktionen langfristig Terror mehr produzieren als verhindern. Die Fragwürdigkeit dieses Systems der Abschreckung und Terror-Abwehr wird erst von außen sichtbar und durchschaubar.

Alon braucht drei Jahre, um seine Erfahrungen in der Armee zu verarbeiten. Dann bricht er sein Schweigen. Er trifft auf eine Gruppe Gleichgesinnter, für die er seither ehrenamtlich arbeitet. Sie nennen sich: „Schweigen brechen!"

„Wach auf, meine Seele!", lesen wir oft in der Bibel. Einmal heißt es: „Wach auf, meine Ehre!" (Psalm 108,2). Rappel dich auf! Steh auf! Mach die Augen auf! Werde wach und wecke andere! Solche Selbstgespräche haben wir Menschen nötig.

„Ich musste aufwachen", sagt Alon. Er ist darüber nicht zum Kriegsdienstverweigerer oder zu einem Gegner Israels geworden. Im Gegenteil. Er fühlt sich als israelischer Patriot, der seinen Landsleuten die Augen öffnet, der wagt, das System aufzubrechen, das Sicherheit suggeriert, aber in Wahrheit Menschen in Hass und Gewalt gefangen hält. „Wach auf, meine Ehre! Meine Seele, wach auf!"

Manche schämen sich einfach – Beherzte Frauen

„Glauben Sie, dass er die Wahrheit sagt oder dass er lügt?" Ein israelisches Ehepaar stellt uns Europäern diese Frage, während wir wieder in den Bus einsteigen. Früher waren sie bei „Schalom Achschaw", der israelischen Friedensbewegung, engagiert. Sie sind neugierig auf Nes Ammim, von dem sie vorher noch nichts gehört hatten. Wir machen mit ihnen – einer Handvoll anderer Israeli und etwa fünfundzwanzig anderen Ausländern – eine Tour durch die Westbank, geführt von Dalia und einer anderen Dame von der Menschenrechtsorganisation „Machsom Watch", einer Initiative israelischer Frauen. Wir besuchen gerade das palästinensische Dorf Qaddum, wenige Kilometer von Nablus entfernt, das seit einigen Wochen Schlagzeilen macht.

Das Dorf liegt rund 20 km von der Green Line entfernt, der Waffenstillstandslinie, die seit 1949 israelisches von arabischem Gebiet trennt. Es ist Israels Staatsgrenze. Das arabische Gebiet hält Israel seit 1967 besetzt. Seine rechtmäßigen Bewohner nennen es heute Palästina. Einen Staat Palästina dürfen sie darin aber nicht errichten (Zur Begrifflichkeit Palästina, palästinensisch siehe Seite 84-85).

Auf Betreiben Prominenter aus der nahegelegenen jüdischen Siedlung, die die etwa dreihundert Meter lange Zufahrtstraße zur Hauptstraße nicht länger mit den Bewohnern des palästinensischen Dorfes gemeinsam nutzen wollen, hat die Armee den Dorfeingang kurzer Hand durch eine Metallbarriere abgeriegelt. Statt der dreihundert Meter müssen die Dorfbewohner nun einen Umweg von vierzehn Kilometern machen, um auf die Hauptstraße zu kommen. Dagegen protestieren sie seit einigen Wochen jeden Freitag. Absolut gewaltfrei. Keine Stöcke, keine Steine. Unterstützt von internationaler Presse und Menschenrechtsaktivisten. Demonstrationen aber sind in der vom israelischen Militär kontrollierten Westbank nicht vorgesehen. Sie gelten als „Störung der öffentlichen Ordnung". Die Armee geht brutal gegen sie vor. Achmed erzählt uns davon. Er hat die Demonstrationen am Dorfeingang organisiert. Während der Demonstration haben die Soldaten sich sein Haus vorgenommen. Um es nicht betreten zu müssen, haben sie Reizgaspatronen durch die Fenster geschossen, um so alle zu zwingen, das Haus zu verlassen. Aber die einzige Person, die sich zu dieser Zeit im Haus aufhielt, konnte es nicht verlassen. Sie war dem Reizgas schutzlos ausgeliefert. Es war seine zwei Monate alte Tochter. Mit lebensgefährlichen Verletzungen wurde sie später ins Krankenhaus eingeliefert. „Sie ist jetzt außer Lebensgefahr". Mit Erleichterung nimmt Dalia die Nachricht auf. Sie kennt Achmed gut, weil sie regelmäßig Gruppen ins Dorf führt.

Mindestens ebenso aufregend wie die Tour sind die Reaktionen der mitfahrenden Israeli. „Glauben Sie, dass er die Wahrheit sagt oder dass er lügt?" Ich versuche, diese völlig überraschende Frage zu entschlüsseln. Es gibt keinen Grund, Achmeds Schilderungen zu bezweifeln. Aber ich kann die Scham spüren, wenn ich mich in die Haut dieser sympathischen Israeli versetze. Das kann doch nicht wahr sein, was wir hier hören und sehen! Zwei jüdische Damen aus Jerusalem fühlen sich immer wieder herausgefordert, die Schilderungen Dalias zu unterbrechen mit Sätzen wie: „Aber 1967 sind wir angegriffen worden … Die Soldaten sind nur hier, weil sie uns verteidigen müssen …"

Fassungslos stehen sie in einem anderen Dorf vor der grünen Landkarte Palästinas, auf der es kein Israel gibt. Dass diese Landkarte mit exakt den gleichen Grenzen, auf der es kein Palästina gibt, in fast jedem Klassenzimmer fast jeder jüdischen Schule in Israel hängt, können sie damit gar nicht in Verbindung bringen. Es gibt ja auch kein Palästina, beteuern sie immer wieder … Als wir in Tel Aviv aussteigen, höre ich, wie die eine zur anderen sagt: „Solche Touren machen auf die Ausländer einen ganz schlechten Eindruck." Vielleicht ist es wirklich geschickter, wenn Israeli die Schattenseiten Israels unter sich anschauen? Machsom Watch bietet ja auch viele Touren in Hebräisch an. Mich befiel das peinliche Gefühl, ungewollt Zeuge eines innerfamiliären Streites geworden zu sein, der besser ohne Außenstehende ausgetragen wird.

Bei einer anderen Tour zwei Monate später erfahren wir, dass die Demonstrationen in Qaddum inzwischen an einem anderen Platz stattfinden müssen, mehr den Hügel abwärts inmitten des Dorfes. Die jüdischen Siedler haben diesen Wechsel erzwungen, weil der Wind die freitägliche Tränengaswolke in ihre Siedlung trieb und ihre Augen, Nasen und Rachen belästigte.

Achmed, engagiert im gewaltfreien Widerstand, ist inzwischen in einem israelischen Gefängnis eingesperrt. Er war einer der über dreihundert Palästinenser, die nach dem Mord an den drei Teenagern verhaftet, aber nach der Verhaftung der Mörder nicht wieder entlassen wurden (siehe Seite 102-103).

Patriotinnen oder Vaterlandsverräter?

Die Frauen von Machsom Watch sind israelische Patriotinnen. Eben deshalb setzen sie sich für die Menschenrechte in ihrem Lande ein. Das gilt für die Soldaten von „Das Schweigen brechen" genauso. Sie bleiben Reservisten der israelischen Armee und sind nicht etwa Kriegsdienstverweigerer geworden. Am Rande zu der für Palästinenser verbotenen Zone in Hebron treffen wir eine jüdisch-israelische Gruppe, die für die Rechte der Palästinenser eintritt. Sie heißt „Juden gegen Siedler" und kooperiert mit palästinensischen Aktivisten.

Wir als Ausländer sind also Zeugen eines innerisraelischen Konfliktes. Wenn wir uns in diesem Konflikt auf die eine Seite stellen – und das von Fall zu Fall zu tun, scheue ich mich nicht –, haben wir sorgfältig darauf zu achten, dass in unserem Munde nicht aus der innerisraelischen Kritik eine generelle Kritik an Israel von außen wird. Das genau ist der Punkt, an dem ich mich von vielen deutschen „Solidaritätsgruppen für Palästina" unterscheide, die ich für „die falschen Freunde Palästinas" halte.

Ich übertrage dabei auf die politische Situation, was ich in der Biblischen Hermeneutik gelernt habe, die den Antijudaismus überwinden hilft: Innerjüdische Kritik in der Bibel (z. B. der jüdischen Propheten im Alten Testament oder der des Juden Jesus im Neuen Testament) darf nicht zur Kritik Israels durch Nichtjuden werden, sondern ist von Christen als Selbstkritik und als Kirchenkritik zu hören. So versuche ich nach wie vor, für Palästinenser einzutreten, ohne zu einem Gegner Israels zu werden.

Natürlich werden solche Gruppen und Personen, die für die Rechte der Palästinenser eintreten, von der gesamten politischen Rechten in Israel als „Vaterlandsverräter" eingestuft. Ich halte diese Bezeichnung für eine Ehre. Für mich sind es die wahren Patrioten. Bekamen nicht auch Willy Brandt und andere von der deutschen Rechten dieses Etikett angehängt? Und welche Wirkung hatte der Kniefall dieses „Vaterlandverräters" in Warschau für den Friedensprozess in Gesamteuropa!

Jüdische Nationalisten gibt es übrigens auch in Nes Ammim. Am Schwarzen Brett hatte jemand die Ankündigung unserer Fahrt in die „besetzten Gebiete" handschriftlich in „befreite Gebiete" korrigiert. Ein Hotelgast? Ein Angestellter? Ein Mieter? Ein Freiwilliger?

Versöhnung ist harte Arbeit – Erfahrungen eines Sechzehnjährigen

Ein Vater mit gebrochenem Herzen. So redet die jüdische Bibel von Gott. *„Ist nicht Ephraim mein teurer Sohn und mein liebes Kind? Denn soft ich ihm auch drohe, muss ich doch seiner gedenken; darum bricht mir mein Herz, dass ich mich seiner erbarmen muss, spricht der Herr."* (Jeremia 31,20) Gott kämpft um seine geliebten Menschen, um sie vom Bösen zum Guten zu leiten. Der Gott Israels ist die Liebe. Der Name Ephraim steht hier für das ganze Volk Israel.

Ich denke an einen anderen Ephraim. Er ist 17, Israeli; er besucht in Haifa ein jüdisches Gymnasium. Araber, sagt er, waren für ihn nur dumme und gefährliche Leute gewesen. Er hatte allerdings auch noch nie mit einem gesprochen, obwohl sie in Haifa bei ihm gleich um die Ecke wohnen. Als an seiner Schule zu einem besonderen Projekt eingeladen wurde, hat Ephraim lange gezögert. Ein Musical zum Thema „Versöhnung und Freundschaft" sollte erarbeitet werden – zusammen mit Gleichaltrigen eines palästinensischen Gymnasiums.

22

„Meine Entscheidung, am Ende doch mitzumachen", sagt er, „habe ich nie bereut. Ich habe im letzten Jahr mehr Wichtiges gelernt, als in den 16 Jahren zuvor. Manchmal schäme ich mich dafür, wie ich noch vor einem Jahr über die Palästinenser gedacht habe, die jetzt meine Freunde geworden sind." In England und Deutschland wurden sie mit ihrem Musical ganz groß gefeiert. Wichtiger noch als dieser Erfolg war die Erfahrung, dass ein Jahr gemeinsamer Arbeit sie aus Feinden zu Freunden gemacht hatte.

Und das war kein Kinderspiel, sondern ein mühsamer Prozess. Ephraim erzählt: „Am israelischen Unabhängigkeitstag waren wir gerade zur Aufführung in London. Wir hatten in unserer Unterkunft viele blauweiße Fahnen mit dem Davidstern aufgehängt, wie wir das seit Kindertagen gewöhnt waren. Plötzlich hing an der Wand ein Plakat mit der Aufschrift ‚Ich bin stolz auf Palästina'. Kurze Zeit später hing daneben ein noch größeres Plakat ‚Ich bin stolz auf Israel'. So ging der Streit los. Wir warfen uns Schimpfwörter an den Kopf. Wir schrien uns an, je länger desto lauter. Einige weinten. Da ging uns auf: Wir tun gerade das Gegenteil von dem, was wir auf der Bühne darstellen! Am Ende haben wir beide Poster zerrissen. Und unsere Fahnen haben wir eingepackt. Nicht weil wir uns Israels schämten, sondern weil wir gelernt haben, wie unsere Fahnen die Gefühle unserer Freunde verletzen."

Bis das in Israel Schule macht, wird noch viel Zeit vergehen. Aber ich glaube an den Gott Israels, den Gott mit gebrochenem Herzen, der nicht zur Ruhe kommt, bis er seine geliebten Menschen zur Vernunft gebracht, bis er sie vom Bösen zum Guten geleitet hat.

Nicht den leichtesten Weg wählen! – Kritischer Umgang mit jüdischer Tradition

„Sehen Sie einen Widerspruch zwischen der jüdischen Religion und dieser Parade?" Die Frage stellte ich einem jungen Mann in Tel Aviv. Er stand zusammen mit seinem Freund und seiner (oder dessen) Mutter am Rande der GayPrideParade, dem Umzug der Schwulen und Lesben. Sie treten nicht nur in Europa und Amerika, sondern auch in Israel für Ihre Rechte ein. Die Kippa auf dem Kopf wies ihn als orthodoxen, jedenfalls religiös-praktizierenden Juden aus. Mir erschien das wie ein Widerspruch: Homosexualität und orthodoxes Judentum.

Seine Antwort hat mich verblüfft. Ohne zu zögern, sagte er lächelnd: „Das ganze Leben besteht aus Widersprüchen. Als Jude habe ich nicht den leichtesten Weg zu wählen." Erst allmählich erschloss sich mir die Weisheit dieser Antwort. Zu leicht sind die Wege, die die Widersprüche des Lebens verdrängen und nicht wahrhaben wollen.

Seine Religion einfach über Bord werfen angesichts seiner Liebe zu einem Mann, das wäre für ihn keine Lösung, das wäre zu leicht. Sicher, viele wählen diesen Ausweg aus dem Widerspruch. Juden und Christen, verletzt von ihrer Religion, drehen ihr den Rücken zu. Kurzer Prozess. Die Sache scheint erledigt.

Zu einfach wäre es aber auch, die eigenen Gefühle zu verleugnen und zu verdrängen, um der Religion treu zu bleiben. Das ist der leichte Weg der jüdischen und der christlichen Heuchler, die einfach den Schein wahren, dass nicht ist, was nicht sein darf. Sie meinen, so dem Widerspruch zu entkommen. Flucht in den scheinheiligen Schein.

Für mich als Christen wird der junge Mann am Rande der Schwulenparade zu einem Lehrer jüdischer Weisheit. Er hält den Widerspruch tapfer aus. Da ist auf der einen Seite die Realität seiner Gefühle, die in der Liebe zu seinem Freund öffentliche Gestalt gefunden haben. Und da ist auf der anderen Seite eine Tradition, der er treu bleibt, obwohl sie ihn infrage stellt – und er sie.

Ich ahne, wie schwer sein orthodox-jüdischer Weg war, seit ihm der Widerspruch bewusst geworden ist. Wie er vielleicht zwischen Bangen und Hoffen hin- und hergerissen wurde. Am Ende ist jüdische Gelassenheit gewachsen. Sie macht Heimlichtuerei und Doppelmoral überflüssig. Sie ermutigt, Traditionen auch zu widersprechen, um den eigenen Weg zu finden. Und das gerade mithilfe der eigenen Tradition.

In der jüdischen Bibel steht ein Gebet, gesprochen von König Hiskia: *„Siehe, um Trost war mir sehr bange. Du aber hast dich meiner Seele herzlich angenommen, dass sie nicht verdürbe; denn du wirfst alle meine Sünden hinter dich zurück."* (Jesaja 38,17) Die Gelassenheit dieses jungen Juden am Rande der Schwulenparade ist eine Frucht seiner Religion. Denn er weiß sich von Gott herzlich angenommen – so wie er ist. Das macht ihn stark genug, um den Widersprüchen dieses Lebens standzuhalten.

Sichtbares und unsichtbares Judentum

Woran erkennt man Juden und Jüdinnen? Das war schon immer eine blöde Frage. Z.B., wenn man an die rassistische Nasendiskussion denkt. Wer aber wie wir jedes Jahr im August nach Safed in Obergaliläa zum Klezmer-Festival fährt, der kann einiges aufzählen, was auffällt und jemanden als Juden oder Jüdin zu erkennen gibt. Mehr als neunzig Prozent der Abertausenden an Männern und Jungen, die an diesen drei Abenden durch die überfüllten Straßen und Plätze Safeds wandeln, tragen eine Kippa. Viele tragen Schläfenlocken (Peot), weiße Hemden und schwarze Anzüge und große schwarze Hüte. Viele haben ihr rechteckiges weißes Hemd (kleiner Tallit) über alle Kleidung angezogen, an dessen vier Ecken jeweils ein langer Schaufaden (Zizit) befestigt ist, dessen viele kunstvoll geknüpfte Knoten den Träger an die Gebote Gottes erinnern. Die Ehefrauen haben ihre Haarpracht unter einem kunstvoll gewundenen Kopftuch verborgen oder sie bedecken ihre Haare durch eine Perücke. Bis spät in der Nacht sind die jungen Familien mit ihren acht, zehn oder mehr Kindern unterwegs. Sie genießen wie wir die traditionelle Klezmer-Musik, die von Amateuren und Profis aus ganz Israel und aller Welt an jeder Ecke und jedem Platz der Altstadt präsentiert wird. Die eigenartige Atmosphäre vermittelt den Eindruck einer Zeitreise in die Vergangenheit.

Wir begegnen hier dem „sichtbaren" Judentum, das nach seinen religiösen Überzeugungen auch sein Äußeres gestaltet. Orthodoxe und modern-orthodoxe Juden kann man an Kippa und Kopftuch erkennen. Manche tragen auch Peot und Ziziot. Die Ultraorthodoxen, die sich selber „Haredim" (Gottesfürchtige) nennen, tragen diese feierlich-altmodische schwarz-weiße Kleidung, die in sich sehr variabel ist und jeweils zeigt, zu welcher der vielen Gruppen der Haredim die Träger gehören. Viele Jugendliche und junge Erwachsene gehören dem Chabad an, einer messianischen Bewegung, deren letzter Rabbi Schneerson, 1994 verstorben, überall abgebildet ist und der von manchen für den auferstandenen Messias gehalten wird. Sie bemühen sich, säkulare Juden für religiöse Praxis zu gewinnen. In Safed sind sie immer mit eigenen Musikgruppen vertreten, die durch ihren Enthusiasmus auffallen. Für die nichtjüdischen Europäer hat diese Erfahrung am Sommerabend in Safed etwas Exotisches.

Nachdem 1948 die jüdischen Kampfverbände diese arabische Stadt, in der durch die Jahrhunderte immer eine große und bedeutende jüdische Minderheit lebte, erobert hatte, durfte die arabische Bevölkerung nicht mehr zurück nach Safed. Ich stelle mir vor, wie es ihren Nachfahren heute in dieser Bastion des konservativen Judentums ergehen würde. Ich erinnere mich an feurige Reden von Knesset-Abgeordneten der national-konservativen Partei „Israel Beiteinu", die im letzten Jahr in Safed mit großem Applaus bedacht wurden. Die Partei und ihr Vorsitzender, Außenminister Avigdor Lieberman, sind wegen ihres anti-arabischen Rassismus berüchtigt. Dient das Klezmer-Festival der Aufrüstung reaktionärer Kreise in Israel?

Andererseits kenne ich orthodoxe Jüdinnen und Juden, die ihre Kinder in eine arabisch-hebräisch-sprachige „Hand-in-Hand-Schule" schicken und sich in der Friedensbewegung engagieren. Und Giora Feidman, der Altmeister des Klezmer, der das jährliche Festival in Safed vor 14 Jahren mit ins Leben gerufen hat, spielt bei seinen Konzerten in Deutschland gerne seine Improvisation, in der die drei Nationalhymnen aufklingen: die israelische, weil er Jude ist, die deutsche, weil er hier zu Gast ist, und die palästinensische, „weil sie unsere Brüder und Schwestern sind".

Zufällig lernten wir einen Tag zuvor eine Gruppe des „unsichtbaren" Judentums kennen. Natürlich in Tel Aviv, „der" säkularen Stadt Israels, deren Einwohner weder durch Kleidung noch durch Haartracht als Juden oder Jüdinnen zu erkennen sind. Wir besuchen eine „säkulare Jeschiwa". Jeschiwa meint eigentlich eine Talmudschule, in die viele orthodoxe und ultraorthodoxe Juden, also das sichtbare Judentum, ihre Kinder schicken oder auch als Erwachsene dort lebenslang den Talmud studieren. „Säkulare Jeschiwa" klingt wie ein Widerspruch – und das ist gewollt. Auch säkulares Judentum ist in sich sehr vielfältig. Da gibt es nicht nur atheistische oder hedonistische Juden und Jüdinnen. „Säkular" ist im Judentum kein Gegenbegriff zu „religiös". Ja selbst Juden, die sich „nicht-religiös" nennen, bringen damit zum Ausdruck, dass sie ihr Judentum nicht durch ein bestimmtes Aussehen oder eine bestimmte Praxis sichtbar werden lassen. Auch „nicht-religiöse" Juden fasten aber am Jom Kippur, feiern den Seder-Abend, lassen ihre Söhne rituell beschneiden. Manche würden das, von außen betrachtet, „Religion light" nennen.

In der „säkularen Jeschiwa" lernen wir Menschen kennen, deren Judentum keineswegs „light" ist. Sie studieren mit Eifer die Tora, die hebräische Bibel, den Talmud und andere jüdische Traditionen. Aber sie kommen durch ihr Studium zu anderen Überzeugungen als das orthodoxe Judentum. Sie wollen eine Alternative zum sichtbaren Judentum sein.

Denn einer aus diesem sichtbaren Judentum hat am 4. November 1995 Jizchak Rabin erschossen, weil der mit den Palästinensern Frieden schließen wollte. Geschockt davon, dass ein religiöser Jude den Hoffnungsträger ermordet hat, wurde die säkulare Jeschiwa gegründet. Eine konstruktive tatkräftige Alternative zur verzweifelten Irritation der Mehrheit nach Rabins Ermordung. „Wir wollen auf eine andere Weise Judentum repräsentieren. Im Zentrum unseres Studiums stehen die jüdischen Werte Gerechtigkeit, Gleichheit, Frieden, Nächstenliebe, Gemeinsinn, und wir fragen, wie sie angesichts gegenwärtiger Herausforderungen zu verwirklichen sind ...", sagt Shaul, einer der Freiwilligen. Und sie studieren die Werte nicht nur, sie praktizieren sie auch. Direkt vor ihrer Türe, in dem heruntergekommensten Stadtteil Tel Avivs rund um den Zentralen Busbahnhof. Direkt gegenüber, wo Tel Aviv am hässlichsten ist, steht ihr Begegnungszentrum. BINA steht mit großen Lettern daran (siehe Bildteil). Das heißt „Wissen, (Er)Kenntnis, Einsicht, Verständnis". Daran wollen sie erkannt werden.

Sie sind verwechselbar mit anderen, die den Menschenrechten verpflichtet sind, Atheisten, Christen, Muslimen, Buddhisten, Bahais ... Es stört sie nicht, dass andere aufgrund anderer weltanschaulicher Überzeugungen das Gleiche tun wie sie. Es stört nicht die Unsichtbarkeit ihres Judentums. Wirksamkeit ist ihnen wichtiger als Sichtbarkeit. Ihre Freiwilligen arbeiten mit den Flüchtlingen, den Illegalen, den Drogensüchtigen und Prostituierten, die rings um den Busbahnhof, dieses achtstöckige Betonmonster, hausen. Studium und soziale Arbeit – das ist es, was ihr Judentum ausmacht. Sie sind eine wachsende Bewegung, die Menschen anzieht. Alternatives Judentum, von dem zu wenig in den Medien wahrzunehmen ist, und das sich sogar der Welt der Karikaturen entzieht. Anders als bei sichtbaren Juden findet der Karikaturist hier nichts, womit er sie als Juden erkennbar machen könnte.

Einer, der seine Feindbilder bestätigt finden möchte

Wir hatten Besuch von einem anderen Stern. Und gewöhnlich fragt man sich am Ende: War er Traum oder Wirklichkeit? Es begann mit einem Anruf am Freitagnachmittag. Eine Frauenstimme teilte mit, dass sie und ihr Mann für ein Buch über „Deutsche in Israel" recherchieren und ihnen Nes Ammim „sehr empfohlen" worden sei. Sie seien im Zug nach Akko und würden uns gerne besuchen. Arglos erzählte ich, was für die nächsten Tage auf dem Programm stehe. Ob sie nicht noch am gleichen Abend kommen könnten, drängte sie. Nun, am Freitagabend begrüßen wir mit einer üppigen Mahlzeit den Schabbat. Kurz entschlossen lud ich sie zu diesem festlichen Erew-Schabbat-Essen ein mit dem Hinweis, dass sie während und nach der Mahlzeit Gelegenheiten nutzen könnten, deutsche Freiwillige zu interviewen und auch ich für Informationen zur Verfügung stehe. Sie nahmen die Einladung an und verabredungsgemäß erschienen sie etwas früher, so dass ich ihnen vorab einige Informationen über Idee und Geschichte Nes Ammims geben konnte. Dabei stellten sie sich als in New York lebende Juden vor.

Als die ersten Freiwilligen in unserem festlich geschmückten Raum erschienen, widmete sich die Frau brav dem Smalltalk, während ihr Mann sich mit seinem iPad auf die Terrasse zurückzog. Erst nach mehrmaliger Einladung bequemte er sich an den Tisch, ohne sich von seinem iPad zu lösen. An einem Gespräch mit den am gleichen Tisch sitzenden deutschen Freiwilligen war er nicht interessiert. „Wie unhöflich!", dachten diese. „Wie unprofessionell!", dachte ich, weil ich jemanden erwartet hatte, der Gelegenheiten zur Recherche zu nutzen weiß.

Als es schließlich zu einem Gespräch kam, inszenierte er schon nach wenigen Sätzen einen kleinen Wutanfall, in dem er uns wie besessen beschimpfte. Wir in Nes Ammim seien wie alle Deutsche in Israel verkappte Antisemiten. Wir würden vorgeben, von Juden zu lernen, in Wahrheit wollten wir die Juden belehren. Der Konflikt mit den Arabern ginge uns gar nichts an. Speziell wir Deutsche wollten mit der Dialogarbeit nur unseren einstigen Opfern bescheinigen, dass sie nun Täter seien und damit unser schlechtes Gewissen salvieren.

Ein Mann mit einem klaren Weltbild. Da hinein hat er nach nicht einmal einer Stunde unaufmerksamer Präsenz Nes Ammim eingezeichnet. Uninteressiert an Fakten und realen Begegnungen sammelt er O-Töne, um sein vorher schon feststehendes Bild bestätigt zu finden. Wenn sich die erwarteten Töne nicht ergeben, versucht er sie durch kleine Wutanfälle zu provozieren.

Plötzlich war er für eine Weile verschwunden. Als er wieder auf der Bildfläche erschien, offenbarte er uns in einem zweiten Wutanfall, dass er bei einer Inspektion des Hauses am Schwarzen Brett entdeckt hatte, dass wir demnächst eine Exkursion nach Nazaret machen. Dass Christen gelegentlich Nazaret besuchen, ist ja nun wirklich keine sensationelle Meldung. Unserem Besucher aber ist es ein Beweis für unseren Antisemitismus. Denn, so ließ er uns wissen, Nazaret sei eine „judenfreie" Stadt. Betont hatte er seinem Amerikanisch diesen Nazi-Begriff als deutsches Fremdwort eingefügt. In einfältiger Logik folgert er: Wer nach Nazaret fährt, ist Antisemit.

Es schien ihn nicht anzufechten, dass er damit zugleich seine Unkenntnis über die Lebensverhältnisse in Galiläa und deren Geschichte verriet. In ganz Galiläa (bis auf Haifa und Akko) leben bekanntlich Juden und Araber in jeweils voneinander getrennten Dörfern und Städten. Juden waren nie daran interessiert, in dieser größten arabischen Stadt Israels zu wohnen, und haben darum ihre eigene jüdische Stadt auf den etwas höher gelegenen Nachbarberg gebaut und sie „Nazaret Illit" (das obere Nazaret) genannt. Das alles würde er lernen, wenn er einmal nach Nazaret fahren würde und dabei mit eigenen Augen sehen, wie viele Kippa tragende Juden in Nazaret auf der Straße zu sehen sind, weil sie dort arbeiten oder einkaufen. Die Weltsicht unseres jüdischen Gastes, der den Arabern pauschal Nazi-Ideologie unterstellt, ist also genauso beschränkt und wirklichkeitsfern wie die der militanten Freunde Palästinas, die dies „Israels Apartheid" nennen.

Meine Weltsicht ist durch diese Begegnung insofern erschüttert worden, als ich die gängige Behauptung nicht mehr schlankweg bestreiten kann, Juden in Israel würden die Schoah-Erfahrung kalkuliert ins Gespräch bringen und als Freibrief für jede Form von Rüpelei und Unmoral missbrauchen. Allerdings ist unser jüdischer Gast in Israel auch nur Gast und sehr speziell und wiewohl in diesem Lande geboren, ausweislich seiner horrenden Unkenntnisse keineswegs in ihm zu Hause.

Bei seinem dritten Wutanfall verließ eine Gesprächspartnerin demonstrativ und empört den Raum. Er hatte inzwischen seine Attacken auf die Niederländer und dann alle Europäer ausgeweitet, die dumm und borniert und resistent gegenüber seinen Belehrungen die wahre Gefahr verkennen würden, die Israel und Europa und am Ende der ganzen Welt drohe: das Wachsen des Islam und die muslimische Weltverschwörung. Es beeindruckte ihn nicht, dass genau das die Parolen der Rechtsradikalen in allen europäischen Ländern (und in Israel) sind. Mehr und mehr zogen sich die Freiwilligen, die an einer kritischen Auseinandersetzung interessiert waren, enttäuscht zurück. Zum Schluss stand ich ratlos schweigend mit dem Ehepaar allein auf der Terrasse, das ich flugs zurück in ihr Hotel nach Akko fuhr. Kamen sie von einem anderen Stern? Hatte ich geträumt?

„Tenenbom". Der Name war mir nicht unbekannt, aber ich konnte ihn nicht gleich einordnen. Nun, Google macht's möglich: Tovia Tenenbom, der für sein kleines jüdisches Theater in New York Stücke schreibt und in der ZEIT eine Rubrik „Fett wie ein Turnschuh" unterhaltsam bestückt, ist auf Kosten des Rowohlt-Verlages sechs Monate durch Deutschland gereist und hat am Ende das Manuskript für ein Buch über Antisemitismus in Deutschland abgeliefert, das der Verlag nicht publizieren wollte. Darüber gab es eine Debatte in deutschen Medien, die zwar nicht die Qualität des Manuskriptes erwies, wohl aber Publizität brachte und Verkaufserfolg versprach. Dieser Versuchung konnte Suhrkamp nicht widerstehen und hat das Buch unter dem Titel „Allein unter Deutschen" publiziert und das Geschäft gemacht. An diesen Zug wird nun ein zweiter Wagen angehängt. Auf Kosten des Suhrkamp-Verlages reist das Ehepaar Tenenbom nun schon fünf Monate durch Israel, um im sechsten Monat das Buch über deutsche Antisemiten in Israel zu schreiben. Nach unserer Begegnung in Nes Ammim müssen wir das Buch nicht lesen, um zu wissen, was darin stehen wird. Und natürlich wird das Buch wieder ein Erfolg. Denn gefällig-populistisch wird es schon werden.

Vielleicht arbeitet Herr Tenenbom aber in Wahrheit wieder an einem unterhaltsamen Stück für sein kleines Theater in New York. So viel wissen wir schon, sein amerikanisches Publikum wird sich vor Vergnügen auf die Schenkel klopfen … Es geht nämlich um einen großen deutschen Verlag, der sein gutes Renommee an einen kleinen Schlaumeier verspielt, der ihm (und sich) einen großen Geschäftsgewinn für kleine triviale Unterhaltungsliteratur verspricht. Ähnlichkeiten mit Lebenden und Verstorbenen natürlich ausgeschlossen.

2. ZWISCHEN VERGANGENHEIT UND ZUKUNFT

Das Wunder, dialogfähig zu werden

Ich war 1962 als Siebzehnjähriger das erste Mal in Israel. Eine Erfahrung bei dieser Erstbegegnung hat sich mir besonders eingebrannt. Es war schon dunkel, als ich zusammen mit meinen Eltern ein Bad im Meer nahm. Neben uns ein Israeli mit seinem Sohn. Als wir aus dem Wasser kamen, sprach er uns auf Englisch an: „Kommen Sie aus Elberfeld?" Verblüfft fragten wir zurück: „Woher wissen Sie das?" „Das habe ich gehört." Man musste sich schon gut auskennen mit der deutschen Sprache, um uns so treffsicher zu lokalisieren. Und das im fernen Israel.

Dann erzählte er uns auf Englisch, dass auch er in Elberfeld geboren wurde und Deutsch seine Muttersprache ist. Mit acht Jahren wurde er aus dem Land gebracht, während seine ganze Familie in den Lagern ermordet wurde. „Sie werden verstehen, dass ich nie wieder ein deutsches Wort sprechen werde", beendete er diese kurze, aber eindrückliche Begegnung.

Befangen fühlte ich mich schon, als ich damals nach Israel kam. Meine Befangenheit wurde durch diese Begegnung noch verstärkt. Und ich habe sie bei allen späteren Begegnungen nicht verloren.

Umso mehr hat mich überrascht und berührt, dass ich in den letzten drei Jahren, seit ich in Israel lebe, keinem einzigen Vorbehalt gegenüber Deutschen mehr begegnet bin. Wo immer ich mich als Deutscher zu erkennen gebe, werde ich aufs herzlichste willkommen geheißen. „Warum sind wir Deutsche so beliebt?", frage ich einen Israeli. Ohne Zögern antwortet er: „Ich glaube, die ganze Welt hasst uns, nur die Amerikaner und die Deutschen nicht."

In Haifa lernen Israeli im Rentenalter Deutsch oder frischen es auf. Sie wollen mit den „neuen Deutschen" sprechen, sagen sie und haben nicht nur die Anwendung ihrer Sprachkenntnisse im Sinn. Sie brechen die Tabus ihrer Kindheit und arbeiten die Verdrängungen in ihren Elternhäusern auf. Unter ihnen könnte auch der Junge sein, dessen Vater mir damals am Strand begegnet ist.

Was ist da geschehen, siebzig Jahre nach dem Holocaust?! Der wird nicht verschwiegen. Aber er verhindert nicht mehr die Kommunikation. Es ist wie ein Wunder. Israelische Juden und nicht-jüdische Deutsche sind dialogfähig geworden. Sie bejahen die Rollen der Opfer und der Täter, aber sie lassen sich nicht mehr darauf beschränken.

In der Bibel werden Erfahrungen der Gegenwart oft im Licht ähnlicher Erfahrungen der Vergangenheit gesehen. In einem Psalm lese ich: *„Der Herr sah ihre Not an, als er ihre Klage hörte, und gedachte an seinen Bund mit ihnen."* (Psalm 106, 44-45) Und ich denke: Ja, es ist ein Wunder.

Am Leiden der anderen teilnehmen

An diesem Apriltag war ich aufgeregter als üblich, als ich in Israel mit einer Gruppe junger Deutscher unterwegs war. Es war Jom ha Schoah, der Tag, an dem alle um zehn Uhr morgens im ganzen Land unter Sirenengeheul für zwei Minuten die Arbeit ruhen lassen. Seit sechzig Jahren gedenken die Menschen in Israel an diesem Tag der Opfer der Schoah (des Holocaustes).

Wir waren als Deutsche zu einer Gedenkveranstaltung in einen Kibbuz eingeladen worden. Nach unserer Ankunft verschwand meine Aufregung augenblicklich, als ich sah, wie freundlich wir Deutsche bei Tee und Gebäck willkommen geheißen wurden. Es war wie bei anderen Begegnungen auch, zu meinem Erstaunen und ganz anders als noch vor Jahrzehnten. Auch an diesem Gedenktag gab es nicht einmal eine Spur von Ressentiment und Vorbehalt uns Deutschen gegenüber.

Etwa achtzig Menschen hatten sich in der Aula der Schule versammelt, zwei Drittel jüdische Israeli, ein Drittel arabische (oder wie sie sich selber nennen: palästinensische) Israeli und etwa zehn in Israel lebende Deutsche. Eine Jüdin und eine Deutsche erzählten, was sie von ihren Eltern und Großeltern über die Schoah gehört hatten oder was ihnen verschwiegen worden war. Überraschend für mich war, dass auch eine Palästinenserin das Wort bekam, um zu erzählen, was sie von ihren Eltern und Großeltern über die „Nakba" erfahren hatte.

„Nakba" ist das arabische Wort für Katastrophe, und das heißt auf Hebräisch „Schoah". „Nakba" meint aber nicht die „Schoah" des jüdischen Volkes, den Holocaust, sondern die Leidensgeschichte der Palästinenser bei der Staatsgründung Israels. Über vierhundert arabische Dörfer wurden damals zerstört und ihre Bewohner getötet oder vertrieben. Das wurde in Israel jahrzehntelang verschwiegen, wird heute aber in der israelischen Gesellschaft offen und kontrovers diskutiert (siehe Bildteil).

Ich staunte, wie sichtbar bewegt die Jüdinnen und Juden der Palästinenserin zuhörten. Das hätte ich vorher nicht für möglich gehalten. Möglich wurde dieses Wunder dadurch, dass zuvor die Palästinenser und Palästinenserinnen der Jüdin zugehört hatten. In gemischten kleinen Gruppen ging das vertrauensvolle Gespräch weiter: erzählen und zuhören.

Eine Solidarität der Leidenserfahrungen war gewachsen. Die Anteilnahme der anderen an der eigenen Leidensgeschichte ermöglicht die Anteilnahme an deren Leidensgeschichten. So wenig wie wir Deutsche bei dieser Gelegenheit von Juden auf die Anklagebank gesetzt wurden, so wenig die jüdischen Israeli von Palästinensern.

So wächst Versöhnung. Langsam. Aber Schritt für Schritt und Jahr für Jahr. Es ist erst ein Anfang, aber ein vielversprechender. Ich erinnere mich gerne an die Geschichten der kleinen Anfänge. Sie stiften Hoffnung. Sehnsucht nach mehr. Sie wehren der Resignation und leiten an, zu warten und zu erwarten.

Wenn ein Palästinenser in Israel der „Kristallnacht" gedenkt

Jedes Jahr laden wir in Nes Ammim am 9. November zu einer Gedenkfeier für die „Kristallnacht" ein. Das bei uns eher vermiedene Wort benutzt man in Israel betont als deutsches Fremdwort sowohl im Hebräischen wie in Englischen, um die von den Nazis mit diesem Propagandawort verbundenen Konnotationen nicht in Vergessenheit geraten zu lassen.

Die Hauptrede halten dabei jeweils abwechselnd nicht nur Christen aus Deutschland und Juden aus Israel. In diesem Jahr hatten wir einen palästinensischen Redner. Allein das hatte vor allem unter den Juden gespannte Erwartungen ausgelöst. Man befürchtete anti-israelische Attacken. Eine Jüdin hatte ihre Absage ausdrücklich damit begründet, dass ihr die Feier „zu politisch" sei, obwohl seit zwanzig Jahren die Gedenkfeier in Nes Ammim immer auf die gegenwärtige Situation in diesem Lande zielt.

Nun, ihre Enttäuschung muss groß und heilsam gewesen sein, als man ihr von der Feier berichtete. Der Palästinenser, der die Rede gehalten hat, ist Dr. Munib Younan aus Jerusalem, Bischof der Evangelisch-lutherischen Kirche in Jordanien und im Heiligen Lande und zugleich Präsident des Lutherischen Weltbundes. Er erinnerte an die unbeteiligte zuschauende Haltung der meisten Menschen, als im November 1938 in Deutschland die Synagogen brannten. Ohne unangemessene Vergleiche zu ziehen, folgerte Bischof Younan aus dem menschlichen Versagen damals in Deutschland Forderungen für ein besseres Verhalten angesichts der Lage im Nahen Osten. Von den brennenden Synagogen damals kam er zu den brennenden Kirchen heute – in den arabischen Nachbarländern wie in Israel. Einen Augenblick lang entstand der Eindruck, er würde das Judentum attackieren, als er die von ultraorthodoxen Juden geschändeten Kirchen und Klöster beklagte, oder den Islam, weil Muslime Kirchen in Ägypten und in Syrien in Brand steckten.

Im gleichen Atemzug beklagte er, dass im Nahen Osten auch Moscheen und Synagogen attackiert werden. Gegen die Fanatisierung der Religiösen warb er für eine interreligiöse Verständigung. Zusammen mit anderen Bischöfen, den beiden Oberrabbinern und dem Großmufti in Jerusalem wirkt Bischof Younan selbst seit Jahren an dieser Verständigung mit.

Seine kritischen Anfragen an Juden und Muslime wurden gehört, weil sie von einem Christen selbstkritisch vorgetragen wurden. Der Lutheraner begann mit einer kritischen Rückschau auf den kirchlichen Anti-Judaismus gerade auch der lutherischen Kirche und im Besonderen der judenfeindlichen Äußerungen Martin Luthers, die 1938 in Deutschland eine schlimme Rolle gespielt hatten.

Ich habe gelernt, dass die Bereitschaft, sich von anderen etwas sagen zu lassen, einen eindringlichen Appell ermöglicht, der Gehör bei den anderen findet. Diese Begegnung ist für mich zugleich eine Hoffnungsgeschichte in einem Land, in dem es schwerer als anderswo ist, an der Hoffnung festzuhalten. Solche Erfahrungen stärken Menschen, die mehr erwarten, als heute möglich ist.

Der Militärattaché der Deutschen Botschaft hatte auch mich zu einer Gedenkfeier auf dem deutschen Soldatenfriedhof in Nazaret eingeladen. Nun, wer mich kennt, weiß, dass Feierstunden am Volkstrauertag in Deutschland nicht zu meinen Lieblingsbeschäftigungen als Pastor gehört haben und, um ehrlich zu sein, ich sie meist mit Erfolg gemieden habe. Aber in diesem Land ist eben auch am Volkstrauertag alles ganz anders, angefangen beim warmen Spätsommertag unter praller Sonne und strahlend blauem Himmel. Und dann die besondere Situation. Viele Soldaten, die in Palästina im Ersten Weltkrieg gefallen sind, liegen auf diesem Friedhof begraben; anderer, die an anderen Stellen des Landes begraben sind, wird mit einer Grabplatte gedacht. Unter den deutschen Soldaten sind auch jüdische, die daran erinnern, dass rund achtzehntausend jüdische Soldaten im Ersten Weltkrieg ihr Leben für ihr deutsches Vaterland gelassen haben. Erinnert wird aber auch an z. B. indische Soldaten, die „auf der anderen Seite" gekämpft haben und hier gefallen sind. So war die Feierstunde alles andere als ein „Heldengedenktag". Nicht nur evangelische und katholische Repräsentanten leiteten die Zeremonie mit Predigt, Lesung von Micha 4 und dem Vaterunser, sondern auch ein Rabbi sang Psalmen und betete das Kaddisch.

Repräsentanten von 15 Ländern legten Kränze nieder, die im Ersten und Zweiten Weltkrieg gegen einander gekämpft hatten. Soldaten der Bundeswehr (die gerade in Israel weilten) und Soldaten der israelischen Streitkräfte waren in Nazaret erschienen. Zu denken gab mir, dass die kirchlichen Repräsentanten neben dem Rabbi stehend mit erhobenen Händen den Aaronitischen Segen sprachen, den der Katholik wie üblich mit dem Kreuzzeichen beschloss. Zunächst war ich irritiert, dass der Soldat Alfred Gerechter, der (wie man damals sagte) mosaischen Glaubens war, auf seiner Grabplatte ein Kreuz hatte, aber später sah ich, dass das die zufällige Dekoration der Gräber dieser Reihe war, während andere Reihen mit dem Davidstern oder floralen Symbolen oder dem Kopf des deutschen Reichsadlers geschmückt waren. Der Friedhof wird von einem in Nazaret wohnenden Deutschen ehrenamtlich betreut, der anbietet, auch Gruppen von Freiwilligen diesen Friedhof zu zeigen und von seiner Geschichte zu erzählen.

Ein KZ auf Israels Boden?

Wir waren erschrocken nach unserer Ankunft in Atlit. Zehn Kilometer südlich von Haifa. Unmittelbar hinter den Dünen der Mittelmeerküste. Stacheldraht, Baracken, Wachtürme, Bahnanschluss. Das Lager wurde 1938 von den Briten errichtet, um bis 1948 illegal eingewanderte Jüdinnen und Juden gefangenzusetzen. Die der Hölle der Schoah entronnen waren, landeten hier in Lagern, die genauso aussahen wie ein KZ. Die Buren in Südafrika hatten für beide das Modell geliefert. Ein anderes „Auffanglager" stand in Mazra, unweit von Nes Ammim. Als erstes wurden die Ankommenden einer Reinigungsprozedur unterworfen in Duschräumen, die wie die Gaskammern in Auschwitz aussahen. Für viele war das Lager nur Durchgangsstation für einige Monate, bis sie zwangsweise in Lager auf Zypern oder Mauritius gebracht wurden. Wir waren bei unserem Besuch umringt von israelischen Kindern und Jugendlichen, die hier – wie wir – auf anschauliche Weise ein Stück Vorgeschichte ihres Staates lernten. Drei Baracken, einige Wachtürme und das Reinigungsgebäude hat man stehengelassen. Das Modell eines der Einwandererschiffe kann man besuchen und in einer multimedialen Show nachempfinden, wie es denen erging, die ins Gelobte Land wollten und stattdessen im Lager landeten. Ein Archiv ist angelegt und wird ständig erweitert. Viel zu spät hat man begonnen, Zeitzeugen zu interviewen und ihre Geschichten aufzuschreiben. Nach siebzig Jahren drängt die Zeit. Nachdenklich gemacht hat uns auch, dass die Armee Israels in eben diesem Lager 1956 und 1967 arabische Soldaten gefangen hielt …

3. ZWISCHEN CHRISTINNEN UND CHRISTEN

Weihnachten in Nazaret und Me'ilya

Statt unser Weihnachtsfest in dieses Land zu tragen, waren wir bemüht zu lernen, wie die Christen dieses Landes Weihnachten feiern. Dazu sind wir am Nachmittag des 24. Dezember nach Nazaret gefahren, zu einem seit gut 30 Jahren traditionellen Weihnachtsumzug durch die Stadt. Schon in den Wochen vorher konnten wir beobachten, wie die Weihnachtsdekorationen die Straßen und Schaufenster eroberten – in allen Städten und Dörfern, in denen palästinensische Christen wohnen. Und Weihnachtsdekorationen sehen hier nicht anders aus als in Deutschland, nur noch greller, bunter, kitschiger, wie in den USA. Die beherrschenden Dekos sind der Weihnachtsbaum und der Coca-Cola-Weihnachtsmann mit rotem Mantel und Zipfelmütze. Auch hier ist diese alberne Mütze zur akzeptierten Kopfbedeckung für Groß und Klein in der Vorweihnachtszeit und auch bei diesem Umzug geworden. Dazu kommen: Schneemänner, Eisbären, Schneeflocken, Glocken und Sterne. Und das präsentierte auch der Weihnachtsumzug.

An der Spitze fuhr der Coca-Cola-Weihnachtsmann, gefolgt von trommelnden und marschierenden palästinensischen Pfadfindern mit ihren bunten Uniformen und Fahnen (darunter auch die israelische Nationalflagge). Dann kam die Hautevolee: die Spitzen der Stadt mit Schlips und dunklem Anzug, Arm in Arm mit dem Klerus der verschiedenen Kirchen. Später kamen die Wagen der örtlichen Vertretung der Firma Volkswagen, des örtlichen Lions Club, und Gruppen der verschiedenen Kirchen, Schul- und Waisenkinder in Begleitung ihrer Nonnen. Ganz am Ende des Zuges lief die kleine Gruppe der Evangelikalen, die mit Krippe im Schafstall und dem Plakat „Christ is born" das Wesentliche des Festes darzustellen versuchten (siehe Bildteil). Es war wie bei uns in Deutschland: Der Anlass des Festes ist nur noch ein winziges Element unter dem vielen anderen austauschbaren

Volksfesthaften. Die Amerikanisierung hat auch das palästinensische Christentum erreicht.

Unter dieser in die Augen springenden Oberfläche kommen allerdings auch sehr bemerkenswerte Aspekte zu Gesicht. Wie ich hörte, gab es früher zwei Umzüge, einen am 24.12. für die „westlichen" Christen und einen anderen am 6.1. für die Orthodoxie. In diesem Jahr waren die verschiedenen Kirchen in einem Umzug vereint. Ein schöner Erfolg für die Ökumene. Und dann ist unübersehbar, dass der Weihnachtsumzug auch eine politische Demonstration ist. Die „weihnachtlichen" Deko-Farben, Grün, Rot, Schwarz und Weiß, sind eben auch die Farben der palästinensischen Flagge. Die Minderheit in der Minderheit demonstriert hier stolz ihre christliche Präsenz in der muslimischen Mehrheit – der palästinensischen Gesellschaft und der Stadt Nazaret – und ihre palästinensische Präsenz in der jüdischen Mehrheit des Staates Israel.

Meine Gedanken wanderten 60 Kilometer nach Nordosten nach Syrien und einige hundert Kilometer nach Süden nach Ägypten, wo die Christen weit davon entfernt sind, sich mit einem pompösen Umzug in Szene zu setzen. Besonders in den Weihnachtstagen mussten sie wieder um ihre Kirchen und um ihr Leben fürchten. Welch ein Kontrast zur Situation in Israel! Die stolze Parade in Nazaret könnte allerdings auch ein Indiz dafür sein, wie dünn das Eis ist, auf dem muslimische und christliche Palästinenser (in Nazaret wie in Bethlehem) ihre Solidarität behaupten und wie wenig selbstverständlich es ist, dass die palästinensische Minderheit in Israel zu ihrem Recht kommt.

Manche kritisieren, dass der Präsident der Knesset den Antrag eines palästinensisch-christlichen Abgeordneten abgelehnt hat, in der Lobby einen Weihnachtsbaum aufzustellen. Ich erinnerte mich an die Erzählung einer jüdischen Israelin, die sich darüber amüsierte, dass in ihrer Kindheit Juden den Weihnachtsbaum als Instrument der Judenmission mehr fürchteten als das Neue Testament, weil seine Faszination mehr Macht über Kinderherzen hätte, und den Wunsch nähren könnte, sich taufen zu lassen. Ob das auch ein Grund für die Ablehnung war? In Köln hat es umgekehrt bald zweitausend Jahre gedauert, bis der jüdischen Minderheit erlaubt wurde, auf dem „Alter Markt" einen Chanukka-Leuchter aufzustellen. Und immerhin sendet der Staatspräsident des „jüdischen Staates" den christlichen Israeli spezielle Weihnachtsgrüße – wie Muslimen und Drusen zu deren Festen. Das kann man als freundliche Geste interpretieren oder als Alibi für das Fehlen vieler Rechte.

Am ersten Feiertag wurden wir um sieben Uhr von dem einsetzenden Baulärm unserer Baustellen geweckt und damit daran erinnert, dass wir in einem Land leben, das nicht von christlicher Leitkultur bestimmt ist. Später machten wir uns durch den Berufsverkehr nach Me'ilya, einem palästinensischen Dorf an der libanesischen Grenze auf, um am Weihnachtsgottesdienst der Griechisch-katholischen Kirche teilzunehmen, bei dem die Katholiken sogar an der Kommunion teilnehmen durften.

Weihnachten in Bethlehem

„Rückt einem, wenn man im ‚Heiligen Land' lebt, die Geschichte von der Geburt Jesu näher? Erlebt man sie intensiver, wenn man Bethlehem (und Nazaret) mit eigenen Augen gesehen hat – oder vielleicht gar nicht?" Diese Fragen wurden mir in einem Weihnachtsbrief von einem Freund gestellt. Selbst wenn viele das anders sehen mögen, ich für mich kann darauf ohne Zögern als klare Antwort geben: „gar nicht". Ich bin gerne in Bethlehem. Aber nicht im Traume fiele mir ein, dorthin an Weihnachten zu gehen, so wenig wie in der Karwoche oder an Ostern nach Jerusalem.

Schon bei meinem ersten Besuch im „Heiligen Land" 1962 empfand ich die sogenannten „Heiligen Stätten" als seine unheiligsten und abstoßendsten Orte. Und das sind sie heute nicht minder. Schon als 17-Jähriger fand ich die These Friedrich Engels, dass Religion „Opium des Volkes" sein kann, hier bestätigt. Damals waren die Pilger in meiner Erinnerung vor allem Italiener und Spanier, heute sind es Afrikaner, Lateinamerikaner, Koreaner, Russen und immer wieder Russen. Ich will mich von einer gewissen Arroganz nicht freisprechen, wenn ich als Anwalt europäischer Aufklärung an diesen Orten organisierte und kommerzialisierte Volksverdummung am Werk sehe, bei der ein mögliches spirituelles Anliegen kaum noch sichtbar ist.

Wann wird Weihnachten gefeiert? Schon das ist eine Frage, die sich in Deutschland kaum jemand stellt. Die in Bethlehem seit bald 2000 Jahren ansässigen Kirchen sind orthodox. Sie feiern am 7. Januar, 12 Tage später als die westliche Christenheit. Und wohin sollte ich in Bethlehem gehen? In die alte orthodoxe Kirche, deren älteste Teile mehr als 300 Jahre nach Christi Geburt über einer Felsgrotte errichtet wurden, in der Jesus geboren sein soll (siehe Bildteil)? Oder in die römisch-katholische Kirche, deren älteste Teile 1100 Jahre später von den Kreuzfahrern daneben gebaut wurden? Oder in die Milchgrotte, wo den Gläubigen weisgemacht wird, ein weißer Fleck auf einem Stein stamme von einem Tropfen Milch aus der Brust der Jungfrau und tue bis heute Wunder? Oder auf das Hirtenfeld, bei dem ich mich entscheiden muss, zum orthodoxen, zum römisch-katholischen oder zum evangelikalen Hirtenfeld zu gehen?

Ich gestehe, dass ich am ehesten in die im 19. Jahrhundert von deutschen Missionaren gebaute lutherische Weihnachtskirche gehen würde, um in der englisch-sprachigen Predigt des palästinensischen Pfarrers das Evangelium mit all seinen politischen Implikationen für das heutige Bethlehem zu hören und ihm zu folgen. Aber das geschieht auch auf deutschen Kanzeln zu Weihnachten. Dafür muss ich nicht zu Weihnachten nach Bethlehem.

Und der bibelorientierte Theologe sträubt sich eh gegen die traditionelle Engführung auf die Geburt Jesu in Bethlehem, die andere biblische Traditionen verdrängt, die schlicht kein Interesse an Geburt und Kindheit Jesu hatten. Zu kurz ist dann der Weg zu den traditionellen Krippenspielen, von denen ich eins in diesem Jahr wieder erleben musste. Es war eins von den schrecklichen Krippenspielen, bei dem sich das Herz des bibelorientierten Religionslehrers zusammenkrampft, weil er dabei die Jahrzehnte während Anstrengung vor Augen hat, die nötig ist, alle diese irrigen Vorstellungen, die mit solchen Krippenspielen in Kinderseelen gebrannt werden, zugunsten eines biblischen Verständnisses der Weihnachtsgeschichte zu korrigieren.

Haben oder Sehnsucht haben?

Am liebsten würde ich ein großes Protestplakat malen, wenn ich in Jerusalem vor der Grabeskirche stehe (siehe Bildteil). Viele glauben ja, dass sie in dieser Kirche Gott ein Stück näher sind. Sie können durch kleine Öffnungen im Boden zwei Felsen ertasten. Auf dem einen soll das Kreuz Jesu gestanden haben, auf dem anderen sein Leichnam bestattet worden sein. Der aufgeklärte Europäer traut seinen Augen und Ohren nicht, wie Scharen von frommen Pilgern aus aller Welt darum rangeln, wer als erster das Heilige berühren darf. Wie die verschiedenen Konfessionen um die Vorherrschaft in dieser Kirche kämpfen, was tatsächlich nicht selten zu Prügeleien zwischen Mönchen und Priestern führt. Nirgendwo erscheint mir das Heilige Land so unheilig wie an seinen Heiligen Stätten.

Nur einen Satz in vielen Sprachen möchte ich auf einem großen Plakat über den Eingang dieser Kirche hängen. „Den ihr sucht, der ist nicht hier." Hier am Grab Jesu haben es die Freundinnen Jesu gehört, als sie seinen Leichnam noch einmal berühren wollten. „Den ihr sucht, der ist nicht hier."

Das Heilige lässt sich nicht betasten. Es lässt auf sich warten. Statt sich der Illusion hinzugeben, das Heilige berühren, begreifen, für sich vereinnahmen zu können, sollt ihr es erwarten.

Das ist es, was wir vor allem in den Wochen vor Weihnachten versuchen einzuüben. An den Kindern können wir es beobachten. Was noch nicht da ist, erweist heute schon seine Macht. Das kommende Fest erfüllt jetzt schon die, die es erwarten. Das Kommende wirft seinen Schatten voraus. Es zieht Menschen in seinen Bann, bestimmt ihre Tagesordnung. In der Adventszeit können wir einüben, was es heißt, zu hoffen und zu warten auf das, was noch nicht greifbar und sichtbar ist.

Erfahrbar ist anderes. Zum Beispiel die Sehnsucht. Oft ist sie kraft- und machtvoller als ihre Erfüllung. Zum Beispiel die Vorfreude. Oft ist sie größer als die Freude selbst. Vorfreude und Sehnsucht bestimmen mich, wenn ich an Gott glaube. Sie sind erfahrbare Gestalten der Hoffnung.

In Jerusalem verbindet mich das mit Juden, die an der Klagemauer beten. Sie ist eine Ruine, ein Stück zerstörtes Heiligtum. Hier wächst die Sehnsucht nach dem Heilen und Vollkommenen. Es verbindet mich mit Muslimen, die im Felsendom beten. Hier ist für sie Mohammed in den Himmel gestiegen, hat sich entzogen und damit Sehnsucht gestiftet nach dem Unverfügbaren. Es verbindet mich mit Christen, die am Grab Jesu der biblischen Botschaft trauen: „Den ihr sucht, der ist nicht hier."

Wir erwarten ihn. Anders als die Fundamentalisten aller Religionen, die meinen über ihn verfügen zu können.

„Hinauf nach Jerusalem!" – Alternative Pilgererfahrung

Auch ich bin diesem programmatischen Ruf Jesu gefolgt, ziemlich genau fünfzig Jahre nachdem ich das erste Mal als Siebzehnjähriger pubertär erwartungsvoll in die hochgebaute Stadt eingezogen bin. Wer meine inzwischen gewachsene und verfestigte Abneigung gegenüber den üblichen Pilgerreisen ins Heilige Land kennt, wird sich wundern. Ich wurde durch das alternative israelische Reisebüro SKTours zu einer Gruppe von Vertretern deutscher Reiseagenturen eingeladen, die politisch und ökologisch orientierte Pilgerreisen anbieten (www.sktours.net).

Schon der Weg war eine Alternative. Statt den üblichen „Weg von Jericho nach Jerusalem", wählten wir den „Zuckerweg" durch das Wadi Og, der allerdings alles andere als Zuckerschlecken war. Mit drei Litern Wasser im Rucksack quälte ich mich wie einst die Kamele (mit dem in der Oase Jericho angebauten Zuckerrohr auf dem Buckel) sieben Stunden lang durch die Judäische Wüste – zum Glück bei bewölktem Himmel – und hatte damit doch erst die halbe Etappe geschafft. Die Silhouette der Sechsunddreißigtausend-Einwohner-Stadt Ma'ale Adummim vor Augen, die jüdische Siedler seit über dreißig Jahren illegal östlich Jerusalems in palästinensisches Land gebaut haben.

Die seit dem dritten Jahrhundert einsetzenden christlichen Pilgerzüge nahmen in der Regel nicht den Weg von Osten, sondern kamen auf der Jaffastraße von Westen. Das war und ist auch der Weg der westlichen Kreuzfahrer, sowohl der militanten seit dem Mittelalter bis ins zwanzigste Jahrhundert wie der touristischen in der Gegenwart. Als „Pilger im eiligen Lande" brauchen sie heute in der Regel weniger als vierundzwanzig Stunden vom deutschen Wohnzimmer bis zur Grabeskirche. Aussteigen, Vortrag, Gebet, Segen, Einsteigen. Und weiter zur nächsten meditativen Besinnung …

Lange bevor Christen nach Jerusalem pilgerten, war die Stadt Wallfahrtsort der Juden. „Hinauf nach Jerusalem!", das hat Jesus Zeit seines Lebens dreimal im Jahr ausgerufen wie die meisten religiösen Juden in Galiläa und viele in der Diaspora, wenn sie an den großen Festen zum Tempel pilgerten, solange er stand. Gut eine Woche dauerte der Fußweg von Galiläa. Seine letzte Etappe ist der Aufstieg von zwölfhundert Höhenmetern durch die Judäische Wüste, die erst unmittelbar an der Stadtgrenze endet.

Durch die Wüste im Osten pilgern seit Jahrhunderten auch die Muslime, worauf der an unserem Wege liegende Schrein Nabi Mousa erinnert, mit dessen Kenotaph als letzter Station auf ihrer Wallfahrt nach Jerusalem Muslime den Propheten Moses verehren, der auch Juden und Christen heilig ist.

Die Wüste als Ort multireligiöser Spiritualität wird genauso erfahrbar wie als Lebensraum für Pflanzen und Tiere und für Menschen. Die hier seit Abrahams Tagen lebenden Beduinen dürfen die uns als „primitiv" erscheinenden Lebensverhältnisse auf palästinensischem Boden bewahren und werden anders als zum Beispiel in Beerscheba (noch?) nicht in Häusern zwangsangesiedelt.

Faszinierend und bedrückend zugleich ist der stete Blick zurück auf den Jordangraben und das Salzmeer, dessen moderne Bezeichnung als „Totes Meer" neue Bedeutungsnuancen bekommt (siehe Seite 94-96).

Der Tag endet, wo er begonnen hat, in einem komfortablen Hotel eines Wüstenkibbuz. Der israelische Soldat, der uns statt des sonst üblichen zivilen Wachmannes das Tor öffnet, erinnert daran, dass wir durch von Israel besetztes palästinensisches Land pilgern zu der Hauptstadt der drei Religionen und zwei Völker. Trotz eines eindrucksvollen Tages kann ich aus verschiedenen Gründen nicht wirklich zufrieden einschlafen.

Erdöl aus Israel

Ich erinnere mich an ein Bibelgespräch in meinem ersten Jahr in Nes Ammim. Eine der evangelikalen Freiwilligen, die sich selbst „bibeltreu" oder „gläubig" nennen, behauptete steif und fest, in der biblischen Josefgeschichte (1. Mose 37. 39-50) gäbe es prophetische Hinweise auf große Erdölvorkommen in Israel. Und „Believer" („Gläubige") seien auch schon dabei, es ans Tageslicht zu fördern. Einige Wochen lang studierten wir diese spannende biblische Geschichte mit mancherlei persönlichem Nutzen für Glauben und Leben und hilfreichem Erkenntnisgewinn. Nur den Erdölvorkommen kamen wir einfach nicht auf die Spur.

Vielleicht hätten wir uns damals gleich auf den Weg ins Tal Dotan machen sollen, in dem Josef von seinen Brüdern an die Midianiter verkauft wurde (1. Mose 37,17). Dotan ist wegen seiner biblischen Bezüge ein von national-religiösen Juden bevorzugtes Siedlungsgebiet nördlich von Nablus und Sichem im Nordwesten der Palästinensischen Gebiete, in dem schon einige illegale Siedlungen errichtet worden sind. Der am tiefsten gelegene Teil im Westen gehört seit 1949 zum Staat Israel. Hier haben christliche Zionisten zunächst, obwohl sie keine Juden sind, vom Staat Israel Land und Konzession erworben, um nach Erdöl zu bohren. Die nächsten Versuche starteten sie auf palästinensischem Land. Woher sie kommen, ist nicht schwer zu erraten: Zion Oil & Gas, Dallas in Texas. Auch nach drei vergeblichen Versuchen haben sie das Unternehmen noch nicht aufgegeben. Sie haben zwar nicht die Geologie, wohl aber die Bibel auf ihrer Seite, jedenfalls in der Art, wie diese „Believer from Texas" gewohnt sind, die Bibel zu gebrauchen. Ein Plakat am Zugang zu ihrem Gelände gibt Auskunft über ihren Erkenntnisweg und lehrt uns, dass wir damals an der falschen Stelle der Bibel gebohrt haben. Nicht die Josefgeschichte offenbart die verborgenen Erdölvorkommen Israels, sondern der Mose-Segen für den Stamm Josef (5. Mose 33,13-15) :

„Und über Josef sprach er: Gesegnet vom HERRN ist sein Land mit dem Köstlichsten vom Himmel droben, dem Tau, und mit der Flut, die drunten liegt, mit dem Köstlichsten, was die Sonne hervorbringt, und mit dem Köstlichsten, was die Monde erzeugen, mit dem Besten uralter Berge und mit dem Köstlichsten der ewigen Hügel, mit dem Köstlichsten der Erde und ihrer Fülle."

Nur zu dumm, dass der größte Teil des Stammesgebietes von Josef heute von Palästinensern bewohnt wird. Ich bin sicher, auch um dieses kleine Problem zu lösen, liegen in Dallas die Pläne schon in der Schublade. Gleich neben der Bibel.

„Messianisches Judentum" in Israel

Das Phänomen hat mich vom ersten Augenblick an elektrisiert, seit ich ihm auf einer Israelreise vor vielen Jahren zufällig begegnet bin. Seit ich in Israel lebe, versuche ich dieser Spur zu folgen und das Phänomen genauer unter die Lupe zu nehmen.

Im Unterschied zu messianischen Juden in Deutschland (und Amerika und anderswo) haben messianische Juden im Land Israel tatsächlich die Chance, jüdisch zu bleiben, und das heißt jüdisch zu leben, auch wenn sie an Jesus als den Messias glauben. In Israel wären sie eine jüdische Gruppe neben vielen anderen Gruppen des Judentums. Sie wären besser vor einer das Judentum auflösenden Assimilation geschützt. Sie könnten ungeniert Kippa und Kopftuch tragen, den Schabbat und die jüdischen Feiertage halten, koscher essen und ihre neugeborenen Söhne rituell beschneiden. Judentum würde durch den Glauben an Jesus als Messias nicht zerstört, sondern bewahrt und würde (in einer modifizierten Weise) an Kinder und Enkel weitergegeben.

Auf einmal gäbe es wieder, was seit dem zweiten (oder dritten) Jahrhundert verschwunden ist: jüdisch lebende Gruppen, die an den Messias Jesus glauben und dieses Judentum an die nächsten Generationen weitergeben. Und sich damit deutlich von allen Kirchen unterscheiden würden. Ein aufregender Gedanke. Eine neue zukunftsweisende Perspektive. Eine echte Herausforderung für die christliche Theologie – in welcher konfessionellen Variante auch immer.

* * *

Wohlgemerkt: Messianische Juden sind keine Judenchristen. Diese bezeichnen allenfalls ihre Herkunft als jüdisch, haben aber längst aufgehört, jüdisch zu leben. Durch die Jahrhunderte bis in die Gegenwart hat es das immer gegeben: einzelne Juden, die zum Glauben an den Messias Jesus gekommen sind. Immer mussten sie aufhören, jüdisch zu leben, und sich stattdessen den Lebensgewohnheiten ihrer nichtjüdischen Mitchristen anpassen. Sie hatten ja auch keinen anderen Ort als die Völkerkirche, die sich mehr und mehr von ihren jüdischen Wurzeln gelöst hatte. So geht die Erinnerung an die jüdischen Wurzeln spätestens mit der zweiten oder dritten Generation verloren.

Die Taufe von Juden, ursprünglich nichts anderes als die Einverleibung in den Machtbereich des Messias, wurde jetzt zum Übertritt von einer Religion zu einer anderen (was die Taufe für Nichtjuden immer schon war). Sie konvertierten mit ihrer Taufe, ließen ihr Judentum als Lebenspraxis hinter sich, verließen damit die Gemeinschaft des Judentums und wurden Christen.

Kein Wunder, dass das Judentum daraufhin den Übertritt zum Christentum als Verrat am Judentum verstehen musste. Wer sich taufen lässt, hört auch in jüdischer Sichtweise auf, Jude zu sein. Eine Religion, die in der Lebenspraxis sichtbar wird und die keine Mission treibt, muss jede einzelne Taufe als Angriff auf das Ganze verstehen. Man muss nicht gleich so weit gehen, wie der im christlich-jüdischen

Dialog engagiert Rabbiner Nathan Peter Levinson, der seinerzeit sogar von Judenmission als „Holocaust mit anderen Mitteln" sprach. Andere formulieren weniger drastisch: „Judenmission hat immer ganz freundlich angefangen, aber am Ende blieb nur zerstörtes Judentum."

Freilich ist für manche auch „messianisches Judentum" zerstörtes Judentum, nicht aber für messianische Juden selber. Sie könnten wie damals im Neuen Testament praktizierende Juden sein und als solche an den Messias Jesus glauben. Sie wären eine Gruppe im bunten vielgestaltigen Judentum der Gegenwart. Sie müssten weder Teil einer vorhandenen Kirche noch eine neue Kirche werden. Ihre Sonderexistenz machte sie höchst interessant und zu einer echten theologischen Herausforderung. Für die jüdische wie die christliche Seite.

* * *

Um es gleich vorweg zu sagen: Die theologische Herausforderung habe ich drei Jahre lang in Israel vergeblich gesucht. Gefunden habe ich bei meiner Suche immer nur Judenchristen. Menschen mit jüdischer Vergangenheit, an die allenfalls ein paar Accessoires erinnern.

Schon die Gottesdienste sind eine einzige große Enttäuschung. Dass sie in Israel am Schabbat stattfinden, sagt gar nichts. Es ist der in diesem Land freie Tag. Ich hatte wie immer, wenn ich zum jüdischen Gottesdienst gehe, beim ersten Mal meine Kippa eingesteckt. Aber wenn ich sie aufgesetzt hätte, wäre ich mir overdressed vorgekommen. Bis auf einige wenige trug hier niemand Kippa.

In Haifa hatte die Gemeinde Geld genug, um eine aufwendige neue „Kehila" zu bauen. Ich hatte Mühe, sie beim ersten Mal zu finden. Ich musste mich durchfragen, aber niemand konnte mir helfen, wenn ich nach der „Kehila" oder der „Messianischen Gemeinschaft" oder den messianischen Juden fragte, bis einer plötzlich zurückfragte: „Meinen Sie die Evangelikale Kirche?" Ja, so sah sie auch aus. Von außen und innen. Ob in diesem pompösen Neubau oder in der schlichten Fabrikhalle in Kirjat Jam oder Akko oder in einem großen Wohnzimmer in Jerusalem, immer hatte ich den Eindruck in einer evangelikalen Versammlung nordamerikanischer Fundamentalisten gelandet zu sein.

Die erste Stunde besteht aus „Worshipping", endlosen Gesängen inhaltsleerer Texte, von einer kleinen Band musikalisch begleitet. Der einzige Unterschied zu Amerika ist, dass auf Hebräisch gesungen wird. Ekstatische Rufe, Gesten und Tänze einzelner begleiten das Worshipping ebenso wie das Schwingen von Fahnen und Reigentänze nicht mehr ganz junger barfüßiger Damen in fast durchsichtigen Gewändern.

Später bekommen einzelne Gelegenheit, von ihren spirituellen Erfahrungen zu erzählen. Freie Gebete, Segnungen einzelner mit Handauflegung schließen sich an. Die Predigt ist selten textbezogen und oft eher ein Vortrag über religiöse Inhalte. Einmal wurde ich Zeuge einer flammenden Anklage der israelischen Gesellschaft wegen ihrer liberalen Abtreibungspraxis. Ein anderes Mal predigte der Gemeindegründer über die Liebe und erzählte über vierzig Minuten von seiner nun schon über vierzig Jahre währenden überaus glücklichen Ehe; dazu zeigte er Lichtbilder von sich und seiner attraktiven jungen Frau als Hippies in einer Landkommune Kaliforniens.

Dass sie Juden sind, wird daran deutlich, dass sie irgendwo eine Menora aufgestellt, vielleicht auch die Namen der zwölf Stämme samt ihrer Symbole ausgestellt haben und hin und wieder den Schofar blasen. Und natürlich haben sie auch eine Tora-Rolle in einem Schrank, aus der aber nicht in jedem Gottesdienst vorgelesen wird. Das alles kann man auch in manchen evangelikalen Gemeinden finden, die eine besondere Liebe zum Judentum entwickelt haben.

* * *

Die Zusammensetzung der Gemeinden wird schon daran deutlich, dass sie meist dreisprachig sind. Neben Hebräisch wird Englisch und Russisch gesprochen (in den wohlhabenden Gemeinden mit Synchronübersetzung). Ganz selten findet man „echte" Israeli. Der eine Teil kommt aus den Staaten oder Kanada und ist meist schon als „Juden für Jesus" eingewandert. Der andere Teil sind Russen, meist Frauen zwischen vierzig und sechzig, die zwar über das jüdische Ticket israelische Staatsbürger geworden sind, aber entweder mit Juden nur weitläufig verwandt sind oder zwar eine jüdische Mutter haben, aber ohne jüdische Sozialisierung aufgewachsen sind. Wie die russischen Juden in Deutschland kommen sie oft als religiöse Analphabeten ins Land. Vielleicht hat die „russische Seele" eine größere Affinität zum Christentum und seiner Spiritualität als zum Judentum. Denn viele von diesen „Juden aus Russland" landen auch in morgenländisch- oder griechisch-orthodoxen wie in römisch-katholischen Kirchen in Israel.

Unter den Amerikanern begegnet mir bei aller Vielfalt eine ähnliche Struktur ihrer Biographien. Säkular oder liberal aufgewachsen, begegnen sie irgendwann evangelikalen Christen, bekehren sich, lassen sich taufen und werden Mitglieder einer evangelikalen Gemeinde. Später entdecken sie als evangelikale Christen ihre jüdische Herkunft und gewichten sie neu. Sie schließen sich mit Menschen ähnlicher Biographie als „Juden für Jesus" zusammen. Dann wandern sie nach Israel aus, verschweigen bei der Einreise ihre christliche Identität, um Staatsbürger Israels werden zu können, und gründen dann zusammen mit Gleichgesinnten messianisch-jüdische Gemeinden, die Mission treiben, die vor allem unter den Einwanderern aus Russland erfolgreich ist.

Wie in Deutschland betreiben sie eine umfangreiche Sozialarbeit, die sich besonders den Neu-Einwanderern widmet. Altkleider und Lebensmittelpakete werden verschenkt; Hilfen bei Behördengängen und bei Schwierigkeiten mit der israelischen Bürokratie gehören ebenso dazu wie Dolmetscherdienste und eine Schwangerschaftsberatung mit dem Ziel, Abtreibungen zu verhindern. Mission ist in Israel nur dann verboten, wenn sie „mit unlauteren Mitteln" geschieht. Die messianischen Gemeinden achten genau darauf, mit ihren missionarischen Aktivitäten dieses Gesetz nicht zu verletzen.

Für nichtjüdische evangelikale Christen aus Europa oder Amerika sind die Gemeinden offen, manche sind auch formell Mitglieder. Man muss also kein Jude sein, wohl aber „Believer" (gläubig). Und das meint nach evangelikalem Verständnis, ein persönliches Verhältnis zu Jesus haben, wiedergeboren sein, bekehrt sein. Es sind also judenchristliche Gemeinden mit nichtjüdischer Minderheit.

Die evangelikalen Freiwilligen aus Nes Ammim haben eine besondere Liebe zu diesen Gemeinden und ihren Gottesdiensten, weil sie sich dort „zu Hause" fühlen. Die ihnen vertrauten amerikanischen Songs auf Hebräisch zu singen, hat einen reizvollen Verfremdungseffekt (und fördert ihre Sprachkenntnisse). Für sie sind es hebräisch sprechende evangelikale Christen. Mit dem Begriff „messianische Juden" können sie oft gar nichts anfangen.

Vielleicht ist das Phänomen typisch amerikanisch-protestantisch. Die römisch-katholische Kirche ist da klarer. Sie hat Gemeinden „hebräisch sprechender Katholiken" in Israel. Wer Jude ist und an den Messias Jesus glaubt, wird Mitglied der einen heiligen und apostolischen und katholischen Kirche. Punkt. Aber eine Kirche mit dieser klaren Ordnung lässt sich auch nicht mehr herausfordern. Für die römische Kirche sind messianische Juden Judenchristen, nämlich hebräisch sprechende Katholiken.

* * *

Die Mitglieder dieser Gemeinden nennen sich auch selber „Believer". Den palästinensischen evangelikalen Christen, den anderen „Believer" im Land, fühlen sie sich (abgesehen von den politischen Differenzen) viel näher als den Juden. Jedenfalls ist ihre Identität als „Gläubige" stärker als ihre jüdische Identität. Auf der evangelikalen palästinensischen Konferenz „Christus am Kontrollpunkt" hießen sie schlicht „die messianischen Christen".

Institutionell haben sich palästinensische Evangelikale mit messianischen Juden zusammengeschlossen zu „Musalaha – Dienst der Versöhnung". Angesichts ihrer bewundernswerten Versöhnungsarbeit zwischen Juden und Palästinensern werden sie von Nes Ammim unterstützt unbeschadet aller theologischen Differenzen. Denn Musalaha betreibt Mission auch unter Juden. Und daran wird die Problematik dieser Institution sichtbar.

Judenmission war in der Vergangenheit Ausdruck des verhängnisvollen Überlegenheitsgefühls der Christen, das am Ende zur Schoah geführt hat: „Wir wissen mehr als die Juden, wir wissen es besser. Wir kennen ihren Messias. Deshalb haben wir die Aufgabe, Juden zu belehren, sie zu bekehren, sie zu Christen zu machen."

Ich habe schlimme Beispiele für dieses Überlegenheitsgefühl messianischer Juden im Ohr. Da macht sich der Prediger in der messianisch-jüdischen Gemeinde lustig über die Bräuche am Sederabend, bei dem Juden für jede der fünf Speisen auf dem Seder-Teller eine Geschichte erzählen, während ihnen die wahre Bedeutung dieser Speisen verborgen sei, die ja bekanntlich auf die fünf Kreuzeswunden am Leib Jesu hinwiesen. Ein anderer Prediger versteigt sich in seiner Anspielung auf die Trockenlegung der Sümpfe Palästinas durch die Zionisten zu der Aufforderung, den Sumpf des Volkes Israel, das nicht an seinen Messias glaubt, durch offensive Mission trockenzulegen.

Die gleiche Arroganz kommt auch in den Namen zum Ausdruck, die sich manche messianischen Gemeinden in Israel gegeben haben. Die „Ernte Aschers" heißt sie in Akko, das mitten im Gebiet des biblischen Stammes Ascher liegt. Vollmundig beanspruchen sie für sich, als messianische Juden die Ernte zu sein. Jesus hatte das Gottesreich, um dessen Kommen er zu bitten gelehrt hat, bescheiden mit der Saat verglichen. Das „Haus des Elia" nennt sich die Gemeinde auf dem Karmel in Haifa und grenzt sich so hochmütig und Bescheid wissend von den übrigen Juden ab, die in ihren Augen offensichtlich ihre Knie vor Baal beugen.

Messianische Juden? Unter den rund fünfzig Gemeinden in Israel habe ich eine kleine gefunden, die vielleicht am ehesten diesen Namen rechtfertigt. Hier trugen die Männer Kippa, hier durfte man nicht fotografieren. Hier folgte der Gottesdienst dem Sidur, dem jüdischen Gebetbuch. Hier wurde die Tora ausgehoben, umhergetragen und geküsst, hier wurden die Wochenabschnitte aus der Tora und die Haftara und ein Abschnitt aus dem Neuen Testament gelesen. Aus dem Sidur wurde gebetet mit der Schlussformel: „Das bitten wir im Namen des Messias Jeschua". Aber der Einfluss amerikanischer Fundamentalisten war auch hier zu spüren.

Ich bin kein Experte, auch nicht in dieser Frage. Ich erzähle persönliche Erfahrungen, die nicht den Anspruch erheben, repräsentativ zu sein. Darum bleibe ich dem Phänomen weiter auf der Spur in der Hoffnung, nicht nur hebräisch sprechende Evangelikale, sondern messianische Juden zu finden.

Die Jesaja-19-Autobahn

Geradezu verzückt kamen drei Freiwillige von einer evangelikalen Konferenz in Haifa nach Nes Ammim zurück. Sie hatten die Jesaja-19-Autobahn entdeckt. Sie werden genauso neugierig wie ich fragen, was sich hinter dieser geheimnisvollen Formulierung verbirgt. Zu Jesaja 19 fallen mir als erstes die drei letzten Verse des Kapitels ein, die seit Jahrzehnten zu meinen Lieblingsstellen der Bibel gehören. In Zeiten gefährlichster Konfrontation der beiden Großmächte Ägypten und Assyrien droht das kleine Israel zerrieben zu werden. Da aktualisiert der Prophet die Abrahams-Verheißung, Segen für die Völker zu werden, sodass Mauern und Zäune im Ost-West-Konflikt ab- und eingerissen werden, um einer Prachtstraße Platz zu machen, auf der die einst verfeindeten Völker einander in Frieden und Freundschaft begegnen und dem lebendigen Gott die Ehre geben. Und das kleine Israel wird der Dritte im Bunde, das den Völkern Anteil gibt an seinem Segen:

„Zu der Zeit wird eine Straße sein von Ägypten nach Assyrien, dass die Assyrer nach Ägypten und die Ägypter nach Assyrien kommen und die Ägypter samt den Assyrern Gott dienen. Zu der Zeit wird Israel der Dritte sein mit den Ägyptern und Assyrern, ein Segen mitten auf Erden; denn der HERR Zebaoth wird sie segnen und sprechen: Gesegnet bist du, Ägypten, mein Volk, und du, Assur, meiner Hände Werk, und du, Israel, mein Erbe!" (Jesaja 19,23-25)

In den siebziger und achtziger Jahren war das ein Hoffnungstext im Kalten Krieg in Mitteleuropa. Der Fall des Eisernen Vorhangs und die Erweiterung der Europäischen Union stärkten unsere Hoffnung, dass solche Wunder auch im Konfliktfeld des Nahen Ostens geschehen mögen.

In der Tat ging es bei der Konferenz in Haifa um diesen Bibeltext. Die Erzählungen der Freiwilligen steigerten meine Neugier. Ich lernte mehr und mehr, dass hinter dieser jährlich stattfindenden Konferenz eine christlich-zionistische Bewegung steckt, die „für die nächsten 20-25 Jahre" die Wiederkehr Christi erwartet und die Erfüllung der Verheißung von Jesaja 19, den Bau der „Jesaja-19-Autobahn", als Vorzeichen der baldigen Ankunft Jesu deutet.

Erfüllung der Verheißung? Ist die Prachtstraße schon im Bau? Ist die Mauer zwischen Israel und Palästina schon eingerissen? Ist mir da etwas entgangen? Ja, entgangen ist mir das emsig rührige Missionswerk amerikanischer Fundamentalisten, das intensiv durch die evangelikalen Medien in Israel, Europa und Amerika gestützt wird.

Assyrien und Ägypten werden für die Apokalyptiker zu einem Gebiet von Mauretanien bis Afghanistan, von Aserbaidschan bis Uganda. Würden wir diese Landkarte grün malen, wäre sie schnell als die nahezu gesamte muslimische Welt (bis auf die südostasiatischen Staaten) wiederzuerkennen. Und aus all diesen mehr als dreißig muslimischen Staaten kommt in einem kleinen Büchlein jeweils ein evangelikaler Christ zu Wort. Da lernen wir, wie schwierig die Situation für Christen in diesen muslimischen Ländern ist, aber auch welche Wunder der Herr tut, dass er den Vormarsch der evangelikalen Welt auch in diesen Ländern vorantreibt. Dabei ist keine Rede von der Verfolgung der Kopten und Armenier, nicht von dem Leidensweg der Chaldäischen, der Äthiopischen und Syrisch-Orthodoxen Kirche.

Die „Jesaja-19-Autobahn" bauen die richtigen Christen, die Evangelikalen, die sich positiv abheben von der dunklen Folie des Islam. Und in Israel sind es natürlich die messianischen Juden, die sich von der Mehrheit der Juden, die nicht an den Messias Jeschua glauben, abheben. Dass diese Juden Araber küssen und umarmen, ist schon ein kleines Wunder, keine Frage. Aber die Verheißung in Jesaja 19 zielt ja doch auf mehr. Die atemberaubende Universalität dieser Friedensverheißung wird beschränkt auf die kleine evangelikale Welt. Die Koalition arabischer, jüdischer und amerikanischer Evangelikaler ist sich darin einig, dass sie sich von den Ungläubigen oder Falschgläubigen ihrer jeweiligen Länder abheben. Das erhoffte Werk des lebendigen Gottes, der das „gottlose" Ägypten und das „gottlose" Assyrien zu „Gottes Volk" erklärt, wird zu dem selbstgebastelten Werk evangelikaler Missionare. Den Triumphzug des lebendigen Gottes, der sich am Ende als der Herr aller Welt erweisen wird, verwechseln sie mit dem Siegeszug der Spielart ihres Christentums.

4. ZWISCHEN JUDEN UND PALÄSTINENSISCHEN CHRISTEN

Palmsonntagsprozession – re-politisiert

Eigentlich hatte ich keine großen Erwartungen. Palmsonntagsprozession. Die reißt den Protestanten in Deutschland nicht vom Stuhl. Und in Jerusalem berühren mich solche religiösen Veranstaltungen erst recht eher peinlich und lassen mich sie meiden. Aber der Studienleiter muss mit, wenn die Freiwilligen am Palmsonntag nach Jerusalem wollen. Um halb drei, so hatte ich herausgefunden, startet die Prozession, von den Franziskanern organisiert, im biblischen Bethphage, überquert dann den Ölberg und das Kidrontal, um in der Annenkirche kurz hinter dem Löwentor in der Altstadt zu enden. Wir wollten uns das Spektakel im Kidrontal nahe der Gethsemanekirche anschauen, wo sich schon zahlreiche Pilgergruppen mit käuflich erworbenen Palmzweigen und schaulustige Touristen mit Kameras eingefunden hatten. Auffällig war die große Medienpräsenz. Der Kölner fühlte sich unwillkürlich an andere große Umzüge in seiner Heimatstadt erinnert.

Als erstes aber näherte sich in Gegenrichtung ein anderer religiöser Umzug, eine Art Gegendemonstration. Etwa dreißig Haredim, wie üblich ganz in Schwarzweiß gekleidete ultraorthodoxe jüdische Männer (Durchschnittsalter zwanzig) mit großen Hüten und Schläfenlocken, gaben mit lautstarkem Trommeln ihrem Unmut Ausdruck. Werden hier mit religiösen Traditionen Machtansprüche demonstriert? Wird die Prozession als christlicher Imperialismus verstanden, der jüdisch-imperial gekontert wird?

Wem gehört Jerusalem? Diese Frage stand mit einem Schlag im Raum und machte mich plötzlich hellwach. Unsere naive Antwort „allen" ist nicht die Antwort aller Bewohner dieser Stadt der zwei Nationen und drei Religionen. Die schwarzen Männer protestierten nicht nur gegen die christliche, sondern auch die palästinensische

Prozession. Denn natürlich sind die dort wohnenden Christen mehrheitlich Palästinenser. Es ist ihre Palmsonntagsprozession – und erst in zweiter Linie die der Pilger.

Und dann kam sie. Zunächst harmlos folkloristisch eröffnet mit palästinensischen Kindern und Jugendlichen in farbenprächtigen Pfadfinderuniformen. Die Erwachsenen, die folgten, trugen ein Plakat vor sich her, das mich aufmerken ließ. „Wir sind die Gemeinde von Beit Jala, nur 8 km von Jerusalem entfernt. Palästina". Und später ein zweites gleichaussehendes Plakat: „… Gemeinde von Beit Zahour, nur 12 km …" Und dann kam Gemeinde für Gemeinde, jede mit ihrem Namen und der Entfernung von Jerusalem (siehe Bildteil). Allmählich verstand ich ihre Botschaft. „Wir sind hier. Denn der Weg ist nicht weit. Aber zu unserer Gemeinde gehören sehr viel mehr Menschen. Die würden gerne heute mitgehen und Ostern in der Grabeskirche feiern. Aber sie dürfen nicht. Sie sind ausgesperrt. Und das ist Unrecht. Himmelschreiendes Unrecht".

Das ist gewaltfreier Widerstand. Indirekte Kommunikation. Ohne Polemik. Umso wirkungsvoller. Nicht die Spur von antiisraelischer Haltung. Gerade als Freund Israels, des demokratischen Israels, das der jüdischen Tradition und darum den Menschenrechten verpflichtet ist, konnte ich dem nur aus vollem Herzen zustimmen. Und dann nahm ich wahr, dass nicht nur palästinensische Christen mitzogen, sondern viele, viele Menschen aus Europa und Amerika. Vielleicht deshalb die Medienpräsenz? Einen Moment lang hatte ich den Eindruck, sie alle zu kennen. Von zu Hause. Von unseren Ostermärschen und Demonstrationen für Frieden und Gerechtigkeit der letzten Jahrzehnte. Da wurde ich vom Schaulustigen zum Sympathisanten, vom Zuschauer zum Teilnehmer. Da wusste ich, wo ich hingehöre. Ich ging mit bis durch das Löwentor.

Eine re-politisierte Palmsonntagsprozession. Politisch wie damals, als die kleinen Leute seines Volkes Jesus von Nazaret „Hosianna, dem Sohn Davids" zuriefen, während die Machthaber ihn kreuzigen wollten (Matthäus 21). Politisch wie damals, als der erste Davidsohn Salomo auf dem königlichen Esel seines Vaters in Jerusalem einzog und ihn „Kreti und Pleti", die kleinen Leute, zum König ausriefen, während die Notablen Jerusalems tafelten und ihm nach dem Leben trachteten (1. Könige 1). Zwei Hoffnungsgeschichten, die auch heute Hoffnung stiften.

„Christus am Kontrollpunkt"

Unter dieser Überschrift hat das Bethlehem Bible College in diesem Jahr zum dritten Mal zu einer theologischen Konferenz eingeladen. Es sind vor allem evangelikale palästinensische Kirchen, die Christen aus aller Welt für fünf Tage nach Bethlehem einladen. Die Mehrheit der Teilnehmenden sind Mitglieder baptistischer Kirchen aus USA, Kanada und England, deren (zu Hause gebliebene) Mehrheit christliche Zionisten sind. Die drei Konferenzen setzen sich schwerpunktmäßig mit der Ideologie des „christlichen Zionismus" auseinander, die auch in evangelikalen Kreisen Hollands und Deutschlands anzutreffen ist.

Danach ist die Errichtung des Staates Israel eine Station im apokalyptischen Fahrplan Gottes, die der erwarteten Bekehrung aller Juden zum Messias Jesus vorangeht. Jüdische Landnahme entspricht dem Willen Gottes und ist deshalb in jedem Fall gerechtfertigt. Wer sie Juden streitig macht, entpuppt sich als Feind des Volkes Gottes und damit als Feind Gottes. Meist ist dieser Zionismus mit Islamophobie gepaart. Das fördert die Sichtweise, dass alle Araber und Palästinenser Feinde sind. Kaum jemand unter ihnen weiß, dass es arabische und palästinensische (auch evangelikale) Christen gibt.

Ein Trommelfeuer der Kritik in evangelikalen Medien (auch in Deutschland) geht der Konferenz jeweils voran und begleitet sie. Das zeigt, wie notwendig die dort geleistete Aufklärung ist. Aus der bunten Palette der Vorträge, Präsentationen und Statements habe ich nur ganz wenige in negativer Erinnerung. Vor allem die subtilen Bibelauslegungen haben ein hohes theologisches Niveau. Mehr als in früheren Jahren wurde unterschieden zwischen dem christlichen Zionismus und unserer vom christlich-jüdischen Dialog geprägten Theologie. Wie wir setzten sie sich kritisch von einer Enterbungstheologie ab, die die bleibende Erwählung Israels bestreitet und die Kirche an die Stelle Israels setzt.

Besonders eindrucksvoll war der jeweils freitags in Olivenplantagen stattfindende griechisch-orthodoxe Gottesdienst, den über hundert Konferenzteilnehmende mitgefeiert haben. Der gesamte Berghang soll enteignet und Groß-Jerusalem zugeschlagen werden. Die Christen von Beit Jala setzen dagegen ihre Gebete. „In der dunkelsten Stunde am Ölberg wurde Jesus von allen verlassen, nur von den Ölbäumen nicht. Jetzt verlassen wir die bedrohten Ölbäume nicht", sagt der Priester in seiner Predigt.

Das Kongresshotel liegt unmittelbar an der Mauer. An manchen Tagen hörten wir die Schüsse von der Straße und gerieten beim Verlassen des Hotels in Schwaden von Tränengas, das noch am nächsten Tag in Nase und Rachen zu spüren war. Es hatte mal wieder gewaltsame Auseinandersetzungen in der Westbank gegeben, bei denen zwei Palästinenser von israelischen Soldaten erschossen worden waren. Darauf reagierten Kinder und Jugendliche (und einige Erwachsene) mit Sprechchören und Steinhagel gegen das Tor in der Mauer, das sich daraufhin alsbald öffnete und den Blick freigab auf Soldaten und Militärfahrzeuge, die versuchten die Demonstranten mit Tränengas auf Distanz zu halten. Die Teilnehmenden an der Konferenz können so unmittelbar den Kontext erfahren, in dem in Palästina Theologie getrieben wird.

Und ich lerne, sorgfältiger und einfühlsamer zu formulieren, was wir im christlich-jüdischen Dialog gelernt haben. Es ist eben etwas ganz anderes, von Juden zu lernen, die wir (in Europa) jahrhundertelang zu Opfern gemacht haben, als von Juden, die Täter sind, die (palästinensische) Christen enteignen, vertreiben und töten. Ich lerne, dass bei palästinensischen Christen das Wort „Israel" in der Bibel ganz anderes auslöst als bei uns Europäern. Das schärft meine Ohren und lässt mich meine Worte umsichtiger wählen. Aber gerade so bleibe ich mit palästinensischen Christen im Gespräch – über Israel in der Bibel und heute, über die traditionelle christliche Abwertung des Alten Testamentes, über die Gefahren einer antijüdischen Deutung des Neuen Testamentes und der (oft versteckten) antijüdischen Christologie.

Wenn Juden und Christen in Jerusalem gemeinsam die gleiche Bibel studieren

Das Gespräch mit palästinensischen Christen habe ich auch auf einer anderen Konferenz in diesem Frühjahr erlebt. Zu ihr hatten der lutherische Bischof von Jerusalem und die Kirchenleitung der Rheinischen Kirche gemeinsam eingeladen. Sie war weder Massenveranstaltung noch nur ein innerchristliches Gespräch. Unter den ca. 25 Teilnehmenden waren auch zahlreiche Rabbis, jüdische Lehrer und Lehrerinnen und Hochschullehrer und Hochschullehrerinnen aus Israel und Amerika. Auch diese Konferenz hatte im vorigen Jahr schon einmal stattgefunden. Orientiert an Texten der jüdischen Bibel ging es jeweils um Themen, die zwischen Juden und Christen und zwischen Europäern und Palästinensern kontrovers diskutiert werden: „Exodus-Tradition und Befreiungstheologie", und „Land und Wasser als Lebensgrundlage".

Alle Teilnehmenden waren nach dieser Doppelerfahrung davon überzeugt, wie nützlich die Gespräche waren, wie sie Erkenntnisfortschritte gebracht haben, wie das Vertrauen gewachsen ist. Viele Juden und palästinensische Christen sprachen ihre Dankbarkeit dafür aus, auch in der politischen Beurteilung der Situation unerwartete Übereinstimmungen gefunden zu haben, die hoffen lassen.

Zwei Monate später gingen bewegende Mails zwischen den Teilnehmenden hin und her: In New York und Bethlehem wurde die biblische Geschichte von dem entführten Josef (1. Mose 37) gelesen im Licht der tragischen Ereignisse in Palästina, wo zunächst drei jüdische und dann ein palästinensischer Teenager entführt und brutal ermordet wurden. Nicht drei und nicht eine, sondern vier Kerzen brannten in der amerikanischen Synagoge und der palästinensischen Kirche als Ausdruck der gemeinsamen Trauer und der Hoffnung auf Gerechtigkeit und Frieden.

5. ZWISCHEN ANDEREN RELIGIONEN

Die Völker werden kommen – der Name „Nes Ammim"

Nes Ammim ist hebräisch. Es heißt „Zeichen der Völker". Der Name dieses Dorfes ist Programm. In der jüdischen Bibel, die die Christen Altes Testament nennen, heißt es über Gott: *„Alle Völker, die du, Herr, gemacht hast, werden kommen und vor dir anbeten und deinen Namen ehren."* (Psalm 86,9)

Gott, der hier angesprochen ist, ist Israels Gott. Doch der ist nicht nur Gott dieses einen Volkes, sondern Gott aller Völker. Nes Ammim will deshalb ein Ort für Menschen aus der nichtjüdischen Völkerwelt sein. Sie kommen nach Israel, um von Juden zu lernen. Ein Lernort, um die eigene Religion besser zu verstehen – und um die besser zu verstehen, die anders glauben. Ein Ort, an dem Menschen den Dialog der Religionen einüben können.

Dass die nichtjüdischen Völker kommen, um den Gott Israels anzubeten und zu ehren, das macht eine Skulptur in Nes Ammim sichtbar (siehe Bildteil). Juden, Christen und Muslime werden mit ihrer charakteristischen Gebetshaltung unübersehbar in ihrer Unterschiedlichkeit ins Bild gesetzt. Auf einer kreisförmigen Steinplatte stehen drei Gruppen: die Juden aufrecht mit Kippa und Gebetbuch, die Muslime neigen sich zum Boden und die Christen knien. Die Unterschiede sind wichtig und sollen nicht überwunden und aufgehoben werden (im Unterschied etwa zur Bahai-Religion oder postchristlichen Phänomenen in Europa und Nordamerika).

In ihrer Unterschiedlichkeit sind die Beterinnen und Beter auf ein und dieselbe Stelle hin im Zentrum der Skulptur ausgerichtet. Und dort erhebt sich – kein Bild, keine Kalligraphie, kein Symbol, sondern ein leerer Raum. Der leere Raum ist begrenzt von drei hohen Mauern mit verschlossenen Türen. Er ist nur nach oben hin offen. Die drei Religionen stehen jeweils vor einer verschlossenen Tür.

Schon die Kinder und Jugendlichen, die oft ihre Dialogarbeit mit der Betrachtung dieses Kunstwerkes beginnen, sprechen dann nicht nur vom unsichtbaren, sondern auch vom unverfügbaren Gott. Keine Religion hat Zugriff auf den Einen oder die Eine. Keine kann Ihn oder Sie für sich vereinnahmen oder anderen bestreiten oder sich anmaßen, Ihn oder Sie anderen bringen zu können.

Was im Zentrum der Skulptur sichtbar wird, ist jüdische Erfahrung und jüdische Religion. Der leere Raum erinnert an das Allerheiligste im ersten wie im zweiten jüdischen Tempel in Jerusalem. Eindrücklich wird das im jüdischen Glaubensbekenntnis ausgedrückt *„Höre, Israel, der Herr, dein Gott ist einzig."* (nach 5. Mose 6,4) Darum nennt die Künstlerin Tova Heilprin ihre Skulptur „Áchad", „Eins".

Lange bevor der oder die Eine der Gott der Christen und Muslime wurde, war er oder sie Gott für Israel. Wer an den einen Gott glaubt, muss lernen, dass er an den Gott Israels glaubt. Diese Einsicht macht Menschen christlichen und muslimischen Glaubens bescheiden. Bescheiden platziert die jüdische Künstlerin aber auch die jüdische Religion neben die anderen. Sie sind auf der gleichen Ebene. Die Besonderheit des Judentums bringt keine Vorzüge, Vorteile oder Privilegien mit sich. Auch die jüdische Religion kann den Gott Israels nicht für sich alleine beanspruchen. Denn Israels Gott möchte Gott für alle Völker, Gott für alle Religionen und für die ganze Schöpfung sein – von allem Anfang an.

In dieser Bescheidenheit zeigt die jüdische Religion ihre Besonderheit. Es ist die Besonderheit einer guten Lehrerin: ihre Zurückhaltung. Sie lernt und lehrt, hört zu, spricht und befähigt so zum Dialog. Aber der Dialog kommt nicht von den Glaubenden selbst, sondern von dem einzig Einen und führt zu der einzig Einen. Genau diese Erkenntnis verdanken wir der jüdischen Religion. Das üben wir – Menschen verschiedener Nationen und Religionen – in Nes Ammim ein.

In der Bibel heißt es dann: Die Glaubenden aller Völker sind unterwegs zum Zion, wo der Gott Israels zu Hause ist. Hier wollen sie ihm die Ehre geben. Ein Bild für den Frieden der Religionen.

Die Skulptur setzt die Konzeption Nes Ammims zum interreligiösen Dialog ins Bild. Sie unterscheidet sich von der Konzeption des Friedensdorfes Newe Schalom (Wahat al-Salam), wie sie in dessen House of Silence sichtbar wird. Sie unterscheidet sich von postchristlichem, religiösem Pluralismus, der überall in Europa gefeiert wird. Die Konzeption Nes Ammims zum interreligiösen Dialog ist bibelorientiert. Im Besonderen Israels sieht sie das Allgemeine. Im

Lernen von den Juden entsteht der Respekt vor dem Fremden. Der Respekt vor dem Fremden macht bescheiden und dialogfähig, hör- und sprachfähig.

Der barmherzige Gott und die unbarmherzigen Religiösen

„Der Herr, dein Gott, ist ein barmherziger Gott." Das steht sicher im Neuen Testament, könnte man denken. Denn Christen glauben, dass Gott ein barmherziger Gott ist. Ja, aber gerade das glauben auch die Muslime. Der Satz könnte also auch im Qur'an stehen. Tatsächlich aber steht er in der jüdischen Bibel, die die Christen Altes Testament nennen (5. Mose 4, 31).

Dass Gott *„barmherzig und gnädig ist, geduldig und von großer Güte"*(z. B. 2. Mose 34,6; Jona 4,2), das glauben die Juden vom Gott Israels. Die Christen haben es später von den Juden gelernt und die Muslime ebenso. Die Barmherzigkeit Gottes steht im Zentrum aller drei Religionen. Juden, Christen und Muslime glauben zwar auf sehr unterschiedliche Weise, aber alle an ein und denselben Gott, den Gott Israels, den Barmherzigen. Ihn haben die Juden immer schon als den Gott aller Völker und den Schöpfer der ganzen Welt bekannt.

In unbegreiflichem Kontrast zu Gottes Barmherzigkeit steht die Unbarmherzigkeit vieler, die an ihn glauben. Manchmal habe ich den Eindruck, je ernsthafter und fester Menschen an Gott glauben, desto unbarmherziger verhalten sie sich. Vor allem gegenüber denen, die auch an Gott glauben, das aber auf ganz andere, ihnen fremde Art und Weise tun. So fremd sie einander sind, so sehr gleichen sie sich in ihrer Unbarmherzigkeit und Unduldsamkeit. Juden, Christen und Muslime werden einander sehr ähnlich, wenn sie fanatisch und extrem werden. Ihr Fundamentalismus verbindet sie über die schroffen Grenzen hinweg, die sie gegen die jeweils anderen errichten.

Hier im Nahen Osten kann in besonderer Weise der Eindruck entstehen, dass Religion Unduldsamkeit und Unbarmherzigkeit produziert. Schon vor einigen Jahren irritierte mich in Nazaret, der Stadt, in der Jesus aufgewachsen ist, ein großes Plakat an einer kleinen Moschee (siehe Bildteil). Mit einem Qur'an-Vers wurde auf Englisch den christlichen Pilgern angedroht, dass alle, die keine Muslime sind, nach ihrem Tod ewiges Verderben zu erwarten haben.

Immer wenn ich nach Nazaret kam, waren Teile dieser Botschaft übermalt oder gerade wieder abgewaschen und neu geschrieben. Ein Dokument ständiger aggressiver religiöser Auseinandersetzung in der Stadt. Die Muslime protestieren gegen ein gigantisches Kirchengebäude, das sich seit fast fünfzig Jahren gleich hinter der kleinen Moschee erhebt. Auf dem Gelände, das einst die Kreuzfahrer für sich beanspruchten, brüstet sich eine Kirche, die „größte Kathedrale des Nahen Ostens" gebaut zu haben. Schon die orthodoxen Christen erleben diese Architektur als westlichen Imperialismus.

Unter den Muslimen der Stadt hat das Kirchengebäude dazu geführt, dass sich einige von ihnen radikalisiert haben. Fundamentalisten planten, gleich daneben eine noch größere Moschee mit noch höheren Minaretten zu bauen. Zum Glück sind sie in Nazaret nur eine winzige Gruppe, deren Pläne keine Mehrheit fanden. Die Mehrheit der Muslime und der Christen in Nazaret leben im Frieden miteinander. Sie trauen dem Gott Israels, von dem es heißt: *„Der Herr, dein Gott, ist ein barmherziger Gott; er wird dich nicht verlassen."*

* * *

Es sind nicht nur die anderen; auch die christliche Religion produziert diese Unbarmherzigkeit, wenngleich sie meist davor zurückschreckt, Gewalt anzuwenden. Und dabei könnte der Glaube an den Barmherzigen auch die Christenheit lehren, mit den anderen barmherzig um zu gehen.

„Ich bin dein Gott... Du sollst keine anderen Götter neben mir haben" (2. Mose 20,2-3; 5. Mose 5,6-7). Manche halten diesen Satz für die Ursache der Unduldsamkeit der Religionen, die sich so oft zu tödlicher Gewalt entwickelt. Das erste der Zehn Gebote ist nicht nur im Judentum, sondern auch in Christentum und Islam ein grundlegendes Gebot.

„Keine anderen Götter!" Das halten manche Juden und Muslime den Christen vor, wenn sie an Jesus als Gottes Sohn glauben. In ihrer Sichtweise haben die Christen Jesus zu einem zweiten, zu einem anderen Gott gemacht. Darum schließen sie das Christentum als wahre Religion aus.

Und wenn umgekehrt Jesus sagt *„Niemand kommt zum Vater, nur durch mich"* (Johannes 14,6), deuten einige Christen das so, als würde das Christentum die einzig wahre Religion sein, von der alle anderen Religionen als falsche ausgeschlossen werden.

Ist der Anspruch der Einzigkeit nicht schon als solcher unbarmherzig? Also weg mit dem ersten Gebot und dem Glauben an den einzig wahren Gott, der keine anderen neben sich duldet? Es gibt nicht wenige, die das heute fordern. Und die nicht abreißende Gewaltgeschichte der Religionen scheint ihnen Recht zu geben.

Ich bin anderer Meinung. Ich halte den Absolutheitsanspruch des einen wahren Gottes, wie er sich im ersten Gebot ausspricht, für unverzichtbar. *„Du sollst keine anderen Götter haben!"* Das ist ein Satz, der zur Selbstkritik anleitet. Das erste Gebot ist keine Polemik gegen andere Religionen. Es will die Gläubigen davor bewahren, den unverfügbaren Gott durch etwas zu ersetzen, worüber sie verfügen können. *„Ich bin dein Gott"*, das ist die Stimme des Barmherzigen, der meine Freiheit will und meine Freiheit schafft. Gott möchte nicht, dass ich etwas vergöttere, was mich unbarmherzig versklavt, dass ich etwas anhimmele, was mich gnadenlos kaputt macht. Und aus Erfahrung weiß ich, wie nahe die Versuchung ist, solchen Torheiten zu erliegen. In meinem Konsumverhalten wie bei meiner Triebbefriedigung.

Dem zu vertrauen, was sich mir entzieht, was ich nicht beweisen kann, was ich nur erwarten und erhoffen kann, das ist die Kunst gelingenden Lebens. Diese Lebenskunst wird bedroht durch meinen Hang, nur mit dem Sichtbaren und Machbaren zu rechnen. Den unverfügbaren Gott einzutauschen gegen das, was ich schaffen und machen kann. Dinge dieser Welt zu vergötzen, indem ich mich von ihnen abhängig mache.

Juden haben sich immer gefreut, wenn Menschen aus anderen Völkern zum Glauben an den barmherzigen Gott gekommen sind. Wie sie aus aller selbstgemachten Sklaverei in die von Gott geschenkte Freiheit geschritten sind. Wie sie der Barmherzigkeit in ihrem Leben Raum gegeben und auf diese Weise dem einen wahren Gott geehrt haben. Dem Gott Israels, der immer schon auch der Gott der anderen Völker war.

Dafür mussten die Menschen aus anderen Völkern nicht Juden werden, nicht ihre Religion und Kultur aufgeben, und zu einer neuen Religion, dem Judentum, konvertieren. Die jüdische Bibel ist voll von Geschichten, die erzählen, wie Menschen anderer Religionen in Israel den einen wahren Gott erkannt haben und dann umkehrten in ihre Heimat, um den einen Gott in der ihnen eigenen Religion zu verehren. Etwas überspitzt ausgedrückt: Sie sind zurück zu ihren Schamanen und Medizinmännern, zurück in ihre Tempel, Pagoden, Moscheen und Schwitzhütten gegangen und sind dort der Weisung des barmherzigen Gottes, der Weisung in die Freiheit und ins Leben gefolgt.

Ich denke z. B. an die Sterndeuter, die dem neugeborenen Jesus ihre Aufwartung machten (Matthäus 2). Sie wurden dadurch in ihrem Glauben gestärkt, ohne Juden oder gar Christen zu werden.

Oder die Königin von Saba, die Afrikanerin, die den berühmten König Salomo besuchte, um von seiner Weisheit zu lernen (1. Könige 10). Am Ende ist sie nicht Jüdin geworden, sondern mit der Erkenntnis des einen unverfügbaren Gottes zurückgekehrt in ihre ostafrikanische Heimatreligion.

Das Judentum hat nie Mission getrieben. Es hat niemanden eingeladen, jüdisch zu werden. Aber es hat eingeladen, die vielfältigen Formen von Sklaverei und Tod zu verlassen und sich auf den Weg der Freiheit und des Lebens zu begeben. So hat das Judentum die ihm anvertraute Tora, Gottes Weisung zum Leben, zu den Völkern gebracht und für sie ausgelegt. So ist das Judentum seinem Auftrag nachgekommen, „Licht für die Völker" zu sein (Jesaja 49,6).

Eine orthodoxe Jüdin hat mich im letzten Jahr zugleich gerührt und beschämt. Sie sagte: „Wir als Juden hatten es manchmal schwer mit den Christen. Und heute haben wir es schwer mit vielen Muslimen. Aber ich bin Christen und Muslimen von Herzen dankbar, dass sie den Glauben an den einen wahren Gott in der ganzen Welt verbreitet haben."

Wir Christen können von dieser jüdischen Gelassenheit und Toleranz lernen. Jesus hat den Seinen nicht befohlen: „Macht zu Christen alle Völker!" Er hat vielmehr gesagt (Matthäus 28,19-20): „Macht zu Jüngern, zu Schülern, alle Völker! Lehrt sie die Tora, die Weisung Gottes zum Leben, wie ich sie euch ausgelegt habe, die Weisung des Barmherzigen zur Barmherzigkeit!"

* * *

„Keine anderen Götter neben mir!", das ist der Absolutheitsanspruch Gottes, des Barmherzigen. Nicht der Absolutheitsanspruch eines Menschen oder einer Religion. Gott, der oder die Eine, ist die eine Wahrheit. Aber diese Wahrheit ist unverfügbar. Niemand kann sie in Besitz nehmen. Niemand kann diese Wahrheit nur für sich beanspruchen. Niemand kann sie mit sich selbst oder mit seiner Religion

identifizieren. Und niemand kann diese Wahrheit anderen Menschen oder anderen Religionen absprechen.

Das Grundübel ist nicht der Absolutheitsanspruch Gottes, des oder der Unverfügbaren. Schlimm wird es und gefährlich, wenn der Absolutheitsanspruch Gottes mit dem der eigenen Religion verwechselt wird. Wenn der eigene Glaube und die eigene Religion als das einzig Wahre ausgegeben wird.

Wenn Jesus sagt: *„Ich bin die Wahrheit …, niemand kommt zum Vater, nur durch mich"*, dann hören wir hier eine lebendige Stimme, die wir uns nicht aneignen und verfügbar machen können. Er, der Lebendige und Unverfügbare, ist die Wahrheit, nicht unser Glaube an ihn, nicht unser Bekenntnis zu ihm, nicht unsere Lehre über ihn. Nicht das Christentum erhebt hier den Absolutheitsanspruch, sondern der lebendige Christus, dessen unverwechselbare Stimme wir auch in anderen Religionen hören und dessen Licht wir auch in anderen Weltanschauungen aufleuchten sehen können.

Ich habe einen dreißigjährigen Palästinenser aus Bethlehem vor Augen. Er ist einer von denen, die der Staat Israel weder nach Jerusalem noch nach Israel hineinlässt. Er hat einen Großteil seiner Kindheit in einem palästinensischen Pfarrhaus verbracht, das ihn geprägt hat. Augenzwinkernd nennt er sich selbst einen „lutherischen Muslim". Die Barmherzigkeit Gottes, die Lutheraner durch Jesus Christus gelernt haben, kennt er aus dem Islam und hat sie bei den Christen wiedererkannt. Heute arbeitet er als Muslim in der lutherischen Gemeinde Beit Jalas, der Nachbarstadt Bethlehems. Er organisiert in Abrahams Herberge Begegnungen von Christen, Muslimen und Juden.

Wenn wir Jesus Christus als den Herrn der Welt bekennen, dann müssen wir uns auf Überraschungen gefasst machen. Wenn er der Herr ist, dann hat er das Sagen, nicht wir. Christus ist der Kommende, der auf sich und den Erweis seiner Wahrheit warten lässt. *„Den ihr sucht, der ist nicht hier"* (Lukas 24,6), hören die Frauen am Grab Jesu. Der gekommen ist, hat sich entzogen. Wir erwarten ihn. Anders als die Fundamentalisten aller Religionen, die meinen, über ihn verfügen zu können.

* * *

Bisher war nur von dem barmherzigen Gott die Rede. Doch ist Gott nicht auch der strenge gerechte Richter? Ja, auch der Glaube an den kommenden Richter eint Juden, Christen und Muslime.

Diejenigen, die ihre Religion für die einzig wahre halten, nutzen den Glauben an den kommenden Richter allerdings als Drohung gegen die anderen, die anders glauben als sie selbst. In Wahrheit ist der Glaube an den kommenden Richter Trost und Stärkung für die, die an der triumphierenden Ungerechtigkeit leiden. Der kommende Richter, der Gerechtigkeit schafft, ist kein anderer als der Barmherzige. Der Glaube an den kommenden Richter ist die Hoffnung auf universale Gerechtigkeit.

Die unbarmherzigen Religiösen können sich das Gericht über die Täter nur als deren Bestrafung oder gar als Vernichtung vorstellen, als unbarmherzige himmlische Rache an ihnen. Wer am Glauben an den barmherzigen Gott festhält, der wird erwarten, dass sich Gott der Opfer erbarmt und die Täter zur Rechenschaft zieht. Wie das geschieht, muss ich mir nicht vorstellen. Aber ich vertraue darauf, dass der barmherzige Gott auch im Gericht der Barmherzige ist, der die Täter zurechtbringt, ohne sie zu vernichten.

Jesus sagt, dass am Ende, wenn der himmlische Richter auf den Wolken des Himmels kommt, alle aus allen Wolken fallen (Matthäus 25, 31-46). Diejenigen, die meinten, Bescheid zu wissen, müssen sich Bescheid sagen lassen. Die meinten, den Kommenden genau zu kennen, lernen, dass sie ihn verkannt haben, und die, die ihn nicht kannten, werden erkannt. Diese Jesusgeschichte macht mich kritisch gegenüber allen, die meinen, nur zu genau Bescheid zu wissen über das kommende Gericht.

So leitet mich der Glaube an den barmherzigen Richter an zur Bescheidenheit, zur Demut. Ich bin unterwegs und noch nicht am Ziel. Mein Tun ist unvollkommen und bruchstückhaft. Mein Glaube ist Fragment. Und natürlich ist mein Wissen und meine Erkenntnis nur Stückwerk. Ich bin in allem auf andere angewiesen, auf ihre Erfahrung und ihre Erkenntnis.

Und was für mich als einzelnen gilt, das gilt auch im Blick auf meine Religion. Das Christentum ist ergänzungsbedürftig wie alle Religionen. Wir brauchen zur Erkenntnis der Wahrheit auch die anderen, die anders glauben als wir. Wir haben ihnen zu sagen, was wir erfahren und erkannt haben. Und wir haben ihre Erkenntnisse und Erfahrungen zu hören. Hören und Reden – das fördert die anderen wie uns selbst. Genau das macht einen Dialog aus. Wir sind gemeinsam auf dem Weg. Wir sind eine Weggemeinschaft, eine interreligiöse Dialoggemeinschaft. Solange wir noch nicht am Ziel sind, solange sind wir auf das Hören und Reden, auf geteilte Erfahrungen und Erkenntnisse angewiesen.

Solche Demut macht friedensfähig. Sie fördert im Streit um die Wahrheit die Lernbereitschaft und die Hörfähigkeit. Meist stehen wir dabei noch am Anfang. Wir haben die Übung nötig, das Training, um wirklich dialogfähig zu werden.

Verschiedene Religionen – ein und derselbe Gott

Eigentlich hatte alles ganz harmonisch und friedlich angefangen. Fast einen Monat lang hatten die Muslime von Sonnenaufgang bis Sonnenuntergang nichts gegessen und nichts getrunken. Es waren nur noch wenige Tage bis zum Ende des Ramadan.

Als es dunkel wurde, strömten sie in Scharen in die Große Moschee in Akko, einer Stadt im Norden Israels, deren Bevölkerung fast zur Hälfte Palästinenser sind. Männer und Frauen, Alte und Junge versammelten sich zum gemeinsamen Gebet. Weil die Moschee nicht alle fasste, bildeten sie im Vorhof lange Reihen, Männer und Jungen auf der einen, Frauen und Mädchen auf der anderen Seite.

Ich stand am Eingang mit einer Gruppe aus unserem Dorf Nes Ammim, das nicht weit von Akko entfernt liegt. Wir zögerten, einzutreten. Aber mit einladenden Gesten wurden wir gleich von mehreren freundlich aufgefordert hereinzukommen. Einer wies auf eine Stuhlreihe am Rande des Vorhofs und lud uns ein, Platz zu nehmen.

Aus der hell erleuchteten Moschee drang die Stimme des Vorbeters. Vor uns bewegten sich die Beter wie ein wogendes Meer: beugen, knien, aufstehen, in fließendem Rhythmus, wie von unsichtbarer Hand geleitet. Diese Form des Betens ist mir fremd. Und doch fühlte ich mich mit den Betenden verbunden. Ich bin davon überzeugt, dass sie wie ich, nur in anderer Weise, zu ein und demselben Gott beten. Muss es nicht auch so sein, wenn Gott doch einzig ist? Wie töricht kamen mir die fundamentalistischen Christen vor, die das von vornherein bestreiten und darum solche Begegnungen vermeiden.

Da wurden wir unsanft aus unseren Gedanken gerissen. Laut schreiend und wild gestikulierend kam ein Mann mit seinem kleinen Sohn auf uns zu und bedeutete uns, aufzustehen und den Vorhof der Moschee zu verlassen. Dass er damit auch die Betenden störte, schien ihn nicht zu stören.

Ängstlich waren einige aus unserer Gruppe aufgestanden. Deren Stühle hatte der kleine Junge flugs weggetragen und aufgestapelt. Ich war mit anderen sitzengeblieben. Ich war hier zwar Gast, fühlte mich aber eingeladen und wollte mich nicht dem unfreundlichen Akt eines einzelnen beugen. Der aber ließ nicht locker. Unter dem Jauchzen seines Sohnes begann er, handgreiflich zu werden.

Da aber kamen sie von allen Seiten herbeigeeilt. Zu unserer Verteidigung. Wir konnten nicht verstehen, was sie sagten. Aber am Ende zog der Alte mit seinem Sohn grummelnd davon. Wort- und gestenreich entschuldigten sich die Menschen um uns herum für diesen Zwischenfall. Deutlich war zu spüren, wie peinlich es ihnen war.

Das ist Akko. Fundamentalismus gibt es hier. Auf beiden Seiten. Aber er hat hier keine Chance. Manchmal gibt es Zwischenfälle. Manchmal voller Blut und Gewalt. Und trotzdem ist Akko ein Ort der Hoffnung in Israel. Hier ist das Zusammenleben von Juden, Christen und Muslimen eingeübt.

6. ZWISCHEN JÜDISCHEN UND PALÄSTINENSISCHEN ISRAELI

Mein Fels und meine Burg – Wer findet hier Zuflucht?

„Sei mir ein starker Hort, zu dem ich immer fliehen kann, der du zugesagt hast, mir zu helfen; denn du bist mein Fels und meine Burg." So heißt es in Psalm 71 (Vers 3). In Palästina und Israel hört man dieses Gebet um Zuflucht und Schutz natürlich mit anderen Ohren. Palästina – das war für viele Juden im 19. und 20. Jahrhundert der Traum schlechthin. In Palästina sollten sie Zuflucht finden vor dem Antisemitismus in seinen versteckten und offenen Formen in allen Ländern, in denen Juden damals lebten. So versprachen es die Großmächte. Juden kauften von Großgrundbesitzern in Palästina Land, kultivierten es und errichteten vor mehr als sechzig Jahren einen wehrhaften Staat, den sie „Israel" nannten.

Zuflucht und Schutz suchte auch die arabische Bevölkerung im eigenen Land Palästina. Schutz vor Eroberern, die die Kultur Palästinas zerstörten und seine Menschen unterdrückten. Die Großmächte versprachen auch das. Aber dieses Versprechen ist bis heute uneingelöst. Es gibt immer noch keinen Staat Palästina. Wer verhindert das? Die Großmächte? Israel? Die arabischen Staaten? Die Palästinenser?

Der Schrei nach Zuflucht und Schutz ist darum im Nahen Osten bis heute laut und vielstimmig. Und er kommt nicht nur aus Palästina. Die Situation ist unübersichtlich. Für die einen ist Palästina der kleine „David", der sich gegen Israel, den Riesen „Goliat" wehrt, das Palästina verhindern will. Für die anderen ist Israel der kleine „David", der sich gegen die arabische oder muslimische Welt als „Goliat" zur Wehr setzt, die wiederum Israel vernichten will. Viele sagen: Da kann man sich nur heraushalten. In unserem christlichen Dorf Nes Ammim im Norden Israels halten wir uns nicht elegant aus den Konflikten heraus.

Vierzig Jahre lang wurde in Nes Ammim zunächst landwirtschaftliche Aufbauarbeit geleistet. Vor allem wurden Rosen für den europäischen Markt angebaut. Als im Jahr 2000 im Zuge der Globalisierung der Blumenexport aus Israel zusammenbrach, schien auch das Ende Nes Ammims gekommen.

Aber dann sagten die Menschen vor Ort: „Wir brauchen euch Europäer." Jüdische und palästinensische Israeli baten uns, weiter zu machen mit den Worten: „Wir brauchen Nes Ammim als einen ‚sicheren Hafen' für unsere Dialoggruppen." Diese Dialoggruppen zwischen Palästinensern und Israeli sind seit den neunziger Jahren parallel zum Osloer Friedensprozess in Israel entstanden und finden bei uns einen neutralen Ort. Seitdem ist Nes Ammim mit seinem Hotel zu einer Begegnungsstätte für lokale Dialoggruppen geworden. Von der Rosenkultur zur Gesprächskultur. Jüdische Familien lassen ihre Kinder nicht in palästinensische Dörfer, palästinensische Familien lassen ihre Kinder nicht in jüdische Dörfer. Aber beide lassen ihre Kinder nach Nes Ammim, dem Dorf der Europäer. Zum Beispiel für das dreiwöchige Sommerlager. So treffen bei uns Jugendliche aus den Abschlussklassen der Gymnasien manchmal zum ersten Mal in ihrem Leben auf Gleichaltrige aus der anderen Bevölkerungsgruppe (siehe Bildteil). Jüdische und palästinensische Frauen entdecken in Nes Ammim: Unsere Gesellschaften sind ja beide patriarchal geprägt. Uns verbindet dadurch viel mehr, als uns als Jüdinnen und Palästinenserinnen trennt.

Manche halten diese Dialoge für schädlich, weil sie das bestehende Unrecht nicht verändern. Sie erwarten größere, revolutionärere Schritte. Doch wir vertrauen dem Weg der kleinen Schritte, den kleinen Fluchtburgen und den kleinen Schutzräumen und folgen damit dem Grundsatz: „Wandel durch Annäherung". Wandel beginnt, wenn ich das Gespräch mit denen suche, die mir fremd sind.

Gastfreundschaft

Geradezu sprichwörtlich ist sie, die orientalische Gastfreundschaft. In der Gastfreundschaft unterscheiden sich Juden und Palästinenser nicht. Beide heißen mich als Europäer in gleicher Weise willkommen in ihren Familien, in ihren Dörfern, in ihrem Land.

Und was noch erstaunlicher ist: Die Juden heißen mich auch als Deutschen willkommen. Die Erinnerung an die Vergangenheit ist zwar überall präsent, aber sie ist kein Hindernis mehr für freundschaftliche Begegnungen in der Gegenwart.

Der dunklen Geschichte des Holocausts zum Trotz ist Vertrauen gewachsen. Viele jüdische Israeli sprechen von uns als den „neuen Deutschen", mit denen sie Freund sein wollen und auf die sie Hoffnungen setzen. Sicher haben die beharrliche politische Arbeit und die vielen Begegnungen, die wir von deutscher Seite aus initiiert haben, mit den Grund dafür gelegt, dass dieses Vertrauen wachsen konnte.

Genauso werden wir als Deutsche in den palästinensischen Dörfern und Städten willkommen geheißen. Denn jeder unserer Besuche signalisiert: „Ihr Palästinenser seid nicht vergessen. Unsere Freundschaft mit Israel macht uns nicht zu euren Gegnern. Weil eure Freiheit nicht ohne Israels Sicherheit und die Sicherheit Israels nicht ohne eure Freiheit zu haben ist, finden wir uns – wie ihr – mit der gegenwärtigen Situation, dem sogenannten *Status quo*, nicht ab."

Dass vor und während der Fußballweltmeisterschaft das ganze Land (einschließlich der besetzten Westbank) in einem Fahnenmeer aus Schwarz-Rot-Gold erstrahlte, hatte natürlich mit dem Respekt vor dem deutschen Fußball zu tun. Es ist trotzdem nahezu unglaublich nach nur siebzig Jahren.

Das christliche Dorf Nes Ammim liegt inmitten jüdischer und palästinensischer Siedlungen im Norden des Staates Israel. Seit gut dreißig Jahren betreiben wir ein Hotel. Das heißt mit Bedacht „Gästehaus". Die dreißig bis vierzig Freiwilligen verschiedenen Alters und verschiedener Herkunft, die hier mitarbeiten, wollen Hotel und Dorf gastlich gestalten. Die Synagoge im Keller und die koschere Küche machen das Haus gastlich für religiöse Juden. Die Palästinenser fühlen sich geehrt, dass sie hier nicht wie sonst im Land von palästinensischen Arbeitern bedient werden, sondern dass europäische Freiwillige ihr Geschirr spülen, ihre Betten beziehen und ihre Toiletten putzen. Als ich einer Gruppe religiöser Juden die Brückenfunktion unseres Dorfes erläutere, sagt mir zum Schluss ein betagter Jude mit Kippa und Tränen in den Augen: „Sie tun hier ein heiliges Werk."

Von der heiligen Gastfreundschaft spricht oft auch die Bibel. Der Prophet Sacharja ruft aus: *„Freue dich und sei fröhlich, du Tochter Zion! Denn siehe, ich komme und will bei dir wohnen, spricht der Herr."* *(2,14)* Die Freude über die Wohngemeinschaft mit Gott ist groß bei der Tochter Zion, weil sie so lange nichts von diesem Herrn gehört hat, der ihr Vater und Mutter zugleich ist. Die Tochter Zion ist ein Sinnbild für das Volk Israel. Nur zu oft hat sie sich übersehen und vernachlässigt gefühlt. Gottverlassenheit ist zu oft jüdische Erfahrung in jüdischen Leidensgeschichten gewesen. Darum ist dieser Zuspruch für die Tochter Zion so wichtig.

Aber die Tochter Zion ist kein Einzelkind. Der Gott Israels hat viele Töchter und viele Söhne, nicht nur jüdische. Und Gott will wohnen, wo auch immer Menschen sich dafür öffnen, mit dem Gott Israels in einer WG, in einer Wohngemeinschaft, zu leben. Gastgeber zu werden für Gott und die Fremden.

Dem Fremden vertrauen lernen

Morgens um neun kommen sie in der Regel an. Nachdem die Jugendlichen mit großem Hallo ihre Zimmer bezogen haben, versammeln sie sich im größten Raum, den unser Dorf zu bieten hat. Einmal im Monat ist eine Gruppe von israelischen Schülerinnen und Schülern hier für zwei Tage zu Gast.

Jedes Mal zu Beginn teilt sich die Gruppe wie von selbst in zwei ungefähr gleich große Teile. Die einen stehen auf der linken, die anderen auf der rechten Seite. Beide in lebhaftem Gespräch. Zwischen ihnen aber ist ein breiter Graben. Nein, nicht Jungen und Mädchen haben sich hier in zwei Gruppen sortiert.

Auf der einen Seite stehen die jüdischen, auf der anderen Seite die arabischen Jugendlichen – oder die Palästinenser, wie sie sich selber nennen. Beide sind Staatsbürger Israels und wohnen nicht weit voneinander entfernt. Sie gehen in verschiedene Gymnasien. Sie konnten sechzehn, siebzehn Jahre alt werden, ohne auch nur einmal einem Gleichaltrigen aus der anderen Bevölkerungsgruppe zu begegnen, geschweige denn mit ihm zu sprechen.

Das ist jetzt in unserem Dorf Nes Ammim zum ersten Mal in ihrem Leben möglich. Man spürt ihre Aufregung. Was für ein Abenteuer liegt vor ihnen! Am Nachmittag sehe ich gemischte Gruppen bei Vertrauensspielen auf unserem Rasen. Sich fallen lassen und von anderen aufgefangen werden. Das ist auch in Deutschland ein beliebtes Spiel. Später sprechen sie in kleinen Gruppen miteinander (siehe Bildteil). Manchmal bleibt ihnen der Mund weit offen stehen, weil sie kaum glauben können, was die anderen in diesem selben Land, manchmal in derselben Stadt für unterschiedliche Erfahrungen machen.

Ich bekomme eine Ahnung, was hier in wenigen Stunden in Gang gekommen ist. Wenn sie morgen Abend nach Hause fahren, hat sich nicht die Welt verändert. Im nächsten Jahr werden die einen Soldaten und Soldatinnen der Israelischen Armee sein. Sie werden Palästinensern auf der Westbank und am Gazastreifen begegnen. Aber sie haben dann schon einmal Nes Ammim-Erfahrung in ihrem Gepäck. Ich bin sicher, diese sechsunddreißig Stunden haben etwas bei diesen Jugendlichen verändert. Nachhaltig verändert. Da sind Bilder zerbrochen, die der wirklichen Wahrnehmung des jeweils anderen im Wege standen. Da konnten Gegenerfahrungen gemacht werden, die Vertrauensbildung fördern und neuen Feindbildern entgegenwirken.

Es sind für mich Hoffnungsgeschichten in einem Land, in dem es schwerer als anderswo ist, an der Hoffnung festzuhalten. Sie stärken Menschen, die mehr erwarten, als heute möglich ist. In dunkler Zeit brauchen wir solche Geschichten, die ein kleines Licht anzünden. Statt zu bejammern, dass die großen Wünsche noch nicht erfüllt sind, ist das Unscheinbare wahrzunehmen, das die Hoffnung auf mehr wachhält.

Wandern in Galiläa – ein Politikum

Zwei Wanderenthusiasten, jüdisch der eine, christlich der andere, haben den „Jesus-Pfad" kreiert, einen Wanderweg, der in vier Tagesetappen von Nazaret nach Kapernaum führt, seit fünf Jahren ist er markiert und wird von Ehrenamtlichen in Ordnung gehalten. Man kann den Weg „spirituell in den Fußstapfen Jesu" gehen oder wie wir in Nes Ammim, um die religiös und kulturell bunte Welt Galiläas vor Ort kennenzulernen. Er verbindet Orte, die Juden, Christen, Muslimen und Drusen heilig sind. Durch palästinensische Dörfer mit Moscheen und Kirchen, durch einen der seltenen religiösen Kibbuzim und eine jüdische Genossenschaftssiedlung (Moschav) geht der Weg, vorbei an Ruinen eines 1948 zerstörten arabischen Dorfes und einer antiken Synagoge und dem drusischen Hauptheiligtum. Der neu erschlossene Tourismus ist Wirtschaftsförderung für die Gaststätten, Gasthäuser und Geschäfte der jüdischen und palästinensischen Bevölkerung vor Ort in Galiläa.

Jetzt hat das israelische Tourismusministerium einen Alternativweg geschaffen vom gleichen Start zum gleichen Ziel. Der Name „Evangeliums-Pfad" signalisiert die Konkurrenz zum „Jesus-Pfad". Mit viel Geld professionell angelegt, wird er durch afrikanische Flüchtlinge als staatliche Bedienstete sauber gehalten – mit Giftspritze (ohne Atemschutz). Man fragt sich, warum. Der Blick auf die Landkarte gibt die Antwort: Der staatliche Weg umgeht sämtliche Ortschaften. Die Wanderer erleben Natur, aber Erfahrungen mit dem wirklichen Leben der durchwanderten Region werden ihnen vorenthalten. Warum wohl?

Wie sich die linke mit der rechten Seite verbindet

Karmiel heißt „Gottes Weinberge" und ist der Name einer Stadt, die vor fünfzig Jahren in eine fast ausschließlich von Arabern bewohnte Gegend Galiläas gebaut wurde und inzwischen mehr als fünfzigtausend Einwohner hat und weiter wächst. Dies geschah im Rahmen des politischen Programms, Galiläa zu „judaisieren", d.h. die Mehrheitsverhältnisse in Galiläa zugunsten von Juden zu verändern. Wer auf der Landstraße Nummer 85 von Akko zum See Genezaret fährt, dem bietet sich in diesem West-Ost-Tal zwischen Ober- und Untergaliläa ein eindrückliches Bild: Links der Straße reiht sich ein arabisches Dorf ans andere, von denen die meisten inzwischen Kleinstädte geworden sind. Es gab sie schon in der Zeit der Kreuzfahrer, die ebenfalls durch dieses Tal zogen und die dafür verantwortlich gemacht werden, dass es gerade in diesen Dörfern so viele rothaarige Araber gibt. Alle diese arabischen Siedlungen sind in der Perspektive des Herrn Tenenbom „judenfrei" (siehe Seite 28-30). Ihnen gegenüber, rechts der Straße, liegt die große jüdische Stadt Karmiel. Die falschen Freunde Palästinas werden das „Israels Apartheid" nennen und Karmiel niemals betreten wollen. Übrigens wird Karmiel (und nicht die arabischen Städte) mit einem aufwendigen Bauprojekt inzwischen ans israelische Eisenbahnnetz angeschlossen.

Ich habe vor einiger Zeit einen jüdischen Jugendlichen auf dieser Straße als Anhalter mitgenommen. Als wir das erste arabische Dorf passierten, äußerte er sich ziemlich abfällig über dessen Bewohner. „Aha", dachte ich, „jüdischer Rassismus gegen Araber". Aber noch bevor ich es aussprechen konnte, hat er mich schon eines Besseren belehrt. Sein Urteil gelte nur für die Bewohner dieses Dorfes. In den anderen arabischen Dörfern hätte er viele Freunde, sie spielten Fußball mal auf der einen mal auf der anderen Seite der großen Straße, und die aus dem ersten Dorf könnte niemand leiden. Und die Väter seiner arabischen Freunde würden in Karmiel Arbeit und Einkommen finden. Also wieder einmal ist die Situation differenzierter, als es die Wörter „judenfrei" oder „Apartheid" suggerieren.

In der letzten Woche waren wir in dem großen Theater der Stadt Karmiel, weil dort der Galiläische Zirkus gastierte, der vor einem halben Jahr auch in Nes Ammim einen eindrucksvollen Auftritt hatte (siehe Bildteil). Ungefähr dreißig Kinder und Jugendliche, Jüdinnen und Juden und Palästinserinnen und Palästinenser, bieten in einer atemberaubenden Show zirkusreife Leistungen an Tanz, Körperbeherrschung und Akrobatik, gewürzt mit heiteren und lustigen Clownerien. Jungen mit und ohne Kippa, das jüdische Mädchen mit langem blondem Zopf zusammen mit dem palästinensischen, das seine Haare unter einem Kopftuch verborgen hat.

Und dann das begeisterte Publikum, das das Riesentheater bis auf den letzten Platz gefüllt hat. Manchen Familien sieht man es an, aus welchem kulturellen Zusammenhang sie kommen, bei anderen müsste man raten. Das ist die Gesellschaft der Zukunft für dieses Land. Auch mit diesem Zirkus wird die zukünftige Elite gebildet, die in zwanzig Jahren das Sagen hat in diesem Land. Den Abend werde ich nicht mehr vergessen, wann immer ich die Straße Nummer 85 nehme. Es gibt sie, die Gegenbewegung, die beherzt die linke mit der rechten Straßenseite verbindet.

Ein palästinensisch-israelischer Zitronenbaum

„Wie würde ich denn reagieren?", habe ich mich gefragt. Wenn da unvermutet drei starke fremde Männer vor der Türe stehen und fordernd behaupten: „Das Haus gehört uns." Dalia war damals ein junges Mädchen und gerade alleine zu Hause. Sie wundert sich noch heute, dass sie Bashir und seine beiden Vettern ins Haus ließ. Das war im Sommer 1967. Kurz nach dem Sechs-Tage-Krieg in Israel. „Ich bin Araber", sagte Bashir, „und in diesem Hause geboren. Da steht der Zitronenbaum", er zeigte mit der Hand in den Garten, „den hat mein Großvater gepflanzt. Bis 1948 haben wir seine Früchte geerntet und in seinem Schatten gesessen. Aber dann haben uns die Soldaten Israels von hier vertrieben." Ramle liegt nicht weit von Tel Aviv, aber es war immer eine arabische Stadt. Dalia Landau hörte diese Geschichte damals zum ersten Mal. Auch sie war eine Vertriebene. Ihre Eltern waren in Bulgarien der Schoah (dem Holocaust) entkommen.

Nach dem jüdisch-arabischen Krieg war sie 1948 als Kind mit ihrer Familie nach Ramle gekommen. Wie viele andere Juden, die aus arabischen Ländern vertrieben wurden. Das damals leer stehende Haus wurde der Familie Landau zugewiesen. Auch Dalia hat Kindheitserinnerungen an den Zitronenbaum.

Ich werde an deutsche Schicksalsgeschichten erinnert. Unter Tränen erzählte 1976 unsere Nachbarin, wie sie zum ersten Mal nach ihrer Vertreibung wieder über die Schwelle ihres Elternhauses in Schlesien geschritten ist. Die blaue Lampe hing noch am Eingang des Hauses, das nun seit dreißig Jahren von Polen bewohnt wurde, die ihrerseits aus Ostpolen vertrieben worden waren. Es war ein schmerzliches Wiedersehen, aber erst damit konnte sie ihr Elternhaus loslassen. Längst hatte sie im Rheinland eine neue Heimat gefunden.

Solche Versöhnungs- und Heilungsgeschichten stehen in Israel und Palästina noch aus. Aus der Begegnung zwischen Dalia und Bashir aber ist erstaunlicherweise eine Freundschaft der Familien geworden. Am Ende waren die Landaus bereit, das Haus in Ramle zurückzugeben. Aber Bashirs Familie war es nicht erlaubt, als Palästinenser von der Westbank in Israel zu wohnen. Das Vertrauen war durch zu viel Gewalt zerstört worden.

Heute ist das Haus mit dem Zitronenbaum im Garten, an dem in gleichem Maße arabische und jüdische Kindheitserinnerungen hängen, ein „offenes Haus" für jüdisch-arabische Begegnungen in Ramle mit einem Kindergarten für die arabischen Kinder in dieser israelischen Stadt (siehe Bildteil).

Auch das ist eine Hoffnungsgeschichte. Es gibt noch unendlich viel zu tun. Frieden und Gerechtigkeit lassen noch auf sich warten. Aber das „offene Haus" in Ramle ist nicht nichts. Es ermutigt Menschen, dem Unscheinbaren zu trauen und damit der Hoffnung Nahrung zu geben.

7. ZWISCHEN ISRAELI UND PALÄSTINENSERN

Zuflucht finden, ohne andere zu bedrücken

„Die Juden haben den Arabern das Land weggenommen." Wie oft habe ich diese falsche Behauptung schon gehört! Seit Jahrhunderten und dann verstärkt seit 1882 haben Juden Land in Palästina *gekauft*. Von arabischen Großgrundbesitzern. Für gutes Geld. Mehr und mehr. Das hat die arabische Bevölkerung in Palästina verständlicherweise zunehmend als bedrohlich erlebt. Denn immer mehr Juden kamen nach Palästina. Der Holocaust in Europa hat die Probleme im Nahen Osten nicht geschaffen. Er hat sie nur verschärft. Lange vor dem Holocaust lebte schon eine große jüdische Minderheit auf eigenem Grund und Boden in Palästina. Und das Verhältnis zur arabischen Mehrheit wurde spannungsreicher, je länger es währte.

Darum haben beide Völker ein Existenzrecht in diesem Land. Nicht fragwürdige zionistische oder religiöse Argumentationen auf der einen oder anderen Seite begründen dieses Recht, sondern das Völkerrecht. Die Völkerfamilie garantiert dieses Recht. Wer das Existenzrecht Israels bestreitet – oder das Palästinas, stellt sich gegen die Völkergemeinschaft.

In Israel wird das gerne mit dem Hinweis auf die Balfour-Erklärung aus dem Jahr 1917 verbunden, in der Juden eine „nationale Heimstatt", ein Zufluchtsort, in Palästina versprochen wird. Die Völkergemeinschaft sah die Notwendigkeit, Juden zu schützen, einen Ort zu schaffen, an dem sie vor Antisemitismus und Verfolgungen sicher sind. Lange vor dem Holocaust wäre er schon nötig gewesen. Und nötig ist er bis heute, weil der Antisemitismus leider nicht totzukriegen ist.

Die Balfour-Erklärung bindet die Errichtung des jüdischen Zufluchtsortes aber an Bedingungen. Es darf, so heißt es, nichts getan werden, was die bürgerlichen oder religiösen Rechte der bestehenden nicht-jüdischen Gemeinschaften in Palästina beeinträchtigt. Auch wenn Israel bis heute ein bedrohter Staat ist, der immer wieder zur Verteidigung gezwungen war, der Satz bleibt für Israel eine Verpflichtung, an die sein Existenzrecht in Palästina geknüpft ist.

Und Israel muss sich gefallen lassen, dass die Völkergemeinschaft, der es die Sicherung seines Existenzrechtes verdankt, das prüft und zum Beispiel zu dem Urteil kommt, dass die jüdischen Siedlungen in der Westbank massiv und brutal die bürgerlichen Rechte der bestehenden nicht-jüdischen Gemeinschaften in Palästina beeinträchtigen.

Das Völkerrecht folgt hier dem zentralen Gebot jüdischer Ethik: *„Du sollst deinen Nächsten nicht bedrücken!"* (3. Mose 19,13) Unter diesem Gebot will ich zunächst mein eigenes Tun und Denken prüfen. Denn ich will keine Steine aus meinem Glashaus werfen, wenn ich wage, auch andere an diese Weisung zum Leben zu erinnern: *„Du sollst deinen Nächsten nicht bedrücken!"*

Und was sagt das Völkerrecht?

So werde ich oft in Deutschland gefragt. „Grundlegend ist der Mandatsvertrag", sagt einer unter den Freunden Israels. Er zitiert den englischen Originaltext von 1924, mit dem der Völkerbund Großbritannien das Mandat über Palästina verleiht und es ausdrücklich beauftragt, die Versprechen der berühmten Balfour-Erklärung vom 2.11.1917 zu erfüllen. Aus dem Rechtstext folgert er: „Völkerrecht: Schaffung eines ‚national home' für die Juden, Einwanderung und Siedlung!" Das nenne ich halbe Wahrheit. Und eine halbe Wahrheit ist hier wie so oft ganze Unwahrheit.

Er ist kein Einzelfall. Sein Umgang mit der Balfour-Erklärung ist der vieler – sowohl ihrer Sympathisanten als auch ihrer Kritiker. Ich treffe auch immer wieder Palästinenser, die gegen den Teil der Erklärung polemisieren, aus dem dieser „Freund Israels" seine Folgerungen zieht, statt auch den Teil zu zitieren, den er verschweigt, weil er die Rechte der Palästinenser als „ganz selbstverständlich" („it being clearly understood") beschreibt.

Die Balfour-Erklärung hat drei Teile, von denen oft nur der erste Teil zitiert wird:

1. In Palästina soll eine nationale Heimstätte („national home") für das jüdische Volk errichtet werden. 1917 und 1924 konnte man sich auch noch anderes unter einer nationalen Heimstätte vorstellen als

einen Nationalstaat, aber am Ende wurde es der Staat, der sich selbst dann „Eretz Jisrael" nannte. Das ist die völkerrechtliche Grundlage für den Staat Israel zusammen mit dem Teilungsbeschluss der UNO vom 29.11.1947 und dem Waffenstillstandsabkommen von 1949, das durch die Friedensabkommen mit Ägypten (1979) und Jordanien (1994) auch zu völkerrechtlich anerkannten Grenzen zu diesen Ländern geführt hat. Der erste Satz ist eine Herausforderung oder eine Zumutung für die arabische Bevölkerung in Palästina. Das Völkerrecht nötigt sie, das Existenzrecht Israels in Palästina anzuerkennen. Viele ignorieren allerdings, dass die Errichtung einer nationalen Heimstätte für das jüdische Volk in Palästina von vorneherein und selbstverständlich an zwei Bedingungen geknüpft ist.

2. Es darf dabei nichts getan werden, was die bürgerlichen oder religiösen Rechte der bestehenden nicht-jüdischen Gemeinschaften in Palästina beeinträchtigt („that nothing should be done which might prejudice the civil and religious rights of existing non-Jewish communities in Palestine"). Das ist die Herausforderung und Zumutung an den Staat Israel. Man kann fragen, ob Israel dem bei seiner Staatsgründung und im Laufe seiner Geschichte immer gerecht geworden ist. Man wird dabei aber auch immer im Blick behalten müssen, dass Israel von Anfang an und bis heute ein von allen Seiten bedrohter Staat ist, der immer wieder angegriffen wurde und zur Verteidigung gezwungen war. Der Satz bleibt aber für Israel eine völkerrechtlich verbindliche Verpflichtung, die als Bedingung an sein Existenzrecht in Palästina geknüpft ist.

3. Die zweite Bedingung ist eine Herausforderung und Zumutung für die Staatengemeinschaft. Es darf auch nichts getan werden, was die Rechte und den politischen Status beeinträchtigt, deren Juden sich in allen anderen Ländern erfreuen („that nothing should be done which might prejudice ... the rights and political status enjoyed by Jews in any other country"). Vertreibung von Juden aus arabischen Staaten, wie sie nach der Staatsgründung Israels massenhaft stattgefunden hat, ist zwar als Folge des verlorenen Krieges verständlich, aber ebenfalls völkerrechtswidrig.

Soweit der Mandatsvertrag und die in ihm zitierte Balfour-Erklärung. Was folgt daraus für die jüdischen Siedlungen in der Westbank? Natürlich sind sie völkerrechtswidrig, denn sie beeinträchtigen massiv und brutal „die bürgerlichen ... Rechte der bestehenden nicht-jüdischen Gemeinschaften in Palästina". Das sage nicht nur ich. Das sagen Israeli. Das kann ich in israelischen Medien, wenn auch nicht gerade vielen, sehen, lesen und hören.

Relevant für die völkerrechtliche Beurteilung ist neben dem Mandatsvertrag die UNO-Resolution 242. Sie fußt auf der Haager Kriegsordnung (1907) und der Vierten Genfer Konvention (1949), nach der es einem Eroberer in besetzten Gebieten nicht gestattet ist, die sozialen, ökonomischen, rechtlichen, demographischen und räumlichen Bedingungen zu verändern.

Die israelische Regierung hat diese Resolution wohlweislich nicht anerkannt. Aber sie ist sich des Unrechtscharakters der Siedlungspolitik durchaus bewusst. Immer wieder wird der Schein des Rechtes gewahrt, z. B. die Genehmigung von Siedlungen verweigert, die dann aber einige Monate später unter dem Schutz der Armee dennoch errichtet werden. Zur gleichen Zeit wird Palästinensern verboten, auf dem seit Jahrhunderten der eigenen Familie gehörenden Land Gebäude zu errichten oder baulich zu erweitern. Viele Israeli wissen nicht, was fernab auf der Westbank geschieht. Viele schämen sich für das, was dort geschieht. Viele sind wütend, weil die Siedlungspolitik Israel mehr schadet als nützt.

Manche fragen auch ganz naiv: „Was ist daran so verwerflich, Wohnungen zu bauen?" Eroberungspolitik durch Siedlungsbau – das war am Ende des 19. Jahrhunderts auch die britische Politik in Nordirland, die eine über hundertjährige blutige Konfliktgeschichte über das Land gebracht hat. Viele Israeli können einfach nicht verstehen, wie naiv-gefährlich die „Freunde Israels" in aller Welt und auch in Deutschland die israelische Siedlungspolitik verharmlosen. Und als Christ bin ich entsetzt, wie andere Christen dieses Unrecht mit der Bibel rechtfertigen …

Wem gehört das Land? – Biblische Antworten

„*Der Herr, euer Gott, schafft euch Ruhe und gibt euch dieses Land.*" (Josua 1,13), Seit ich in Israel lebe, höre ich dieses Wort aus dem biblischen Buch Josua mit anderen Ohren. Wem gehört dieses Land? Darauf gibt es hier sehr aufregende Antworten.

„Das Land gehört uns", sagen die jüdischen Siedler. In den von Israel besetzten Gebieten errichten sie immer neue Dörfer und Städte. Sie berufen sich auf Worte der Bibel, wenn sie den Palästinensern das

Palästina schrumpft: Wurde es beraubt oder hat es verspielt?

Triumphierende Kirche und gedemütigte Synagoge

An Jom Kippur kann man über die Autobahn zur Synagoge laufen

BINA, das Begegnungszentrum der säkularen Jeschiwa am Busbahnhof Tel Aviv

Eine Reform-Synagoge mit ihrer Rabbinerin

Sichtbares Judentum am Hauptbahnhof von Tel Aviv

Am Rande der Gay Pride Parade in Tel Aviv

Ein Soldat betet mit Siddur (Gebetbuch)
über dem Gewehr

Christ is born
" الميلاد رسالة محبة وتآخي "

Weihnachtsparade in Nazaret

Weihnachtskrippe in Me'ilya: Parkplatz für „Menschen mit besonderem Bedarf"

Palmsonntagsprozession – re-politisiert

Pilger an der Geburtsgrotte in Bethlehem

وَمَنْ يَبْتَغِ غَيْرَ الإسْلامِ دِينًا فَلَنْ يُقْبَلَ مِنْهُ
وَهُوَ فِي الآخِرَةِ مِنَ الْخَاسِرِينَ ﴿ال عمران: 85﴾
(And whoever seeks a religion other than Islam, it will never be accebted
of him, and in the Hereafter he will be one of the losers

Die größte Kathedrale des Nahen
Ostens provoziert aggressive Reaktionen

Vor der Grabeskirche in Jerusalem

Menschen beten auf unterschiedliche
Weise zu ein und demselben Gott

Friedliches Mit- und Nebeneinander
ist möglich

So entspannt kann jüdisch-palästinensischer
Dialog geführt werden

Mahnmal für 48 Juden, die hier 1948 von Arabern massakriert wurden

In den Trümmern eines 1948 zerstörten arabischen Dorfes

Am Grab eines Freiwilligen aus Nes Ammim,
der als Soldat Israels ermordet wurde

Palästinenser und Juden im Gespräch
über die gemeinsam erlebte „Nakba"

„Galiläischer Zirkus" mit jüdischen und palästinensischen Jugendlichen und amerikanischen Gästen

Dalia Landaus Haus ist offen für jüdisch-palästinensische Begegnungen

Jerusalem – Stadt dreier Religionen und zweier Völker

Jubel um einen Palästinenser, der aus israelischer Haft entlassen wurde

Diese „Geisterstraße" in Hebron ist für alle Palästinenser gesperrt

Das muslimische Viertel Jerusalems steht unter israelischer Hoheit

خر
ـمرون
و

So sehen palästinensische Christinnen und Christen ihre Aufgabe im Konflikt

Die drei Türme Bethlehems:
Minarett, Kirchturm, Wachturm

Die Mauer zwischen Gush Etzion und
Beit Jala als Instrument der Annektierung

Siedlerkinder in Hebron: Im Hintergrund ver-
treibt Abraham Hagar, die Mutter der Araber

Tausende von Splittereinschlägen in Brust- und Kopfhöhe durch eine Kassam-Rakete

Raketenwerfer des Abwehrsystems „Eiserne Kuppel", 200 m vor Nes Ammim

Der Zaun, der die Bauern von ihren Feldern trennt, wird für eine halbe Stunde geöffnet

Zelt der Nationen: Die christlich-palästinensische Familie Nassar setzt hier ein Zeichen vor einer illegalen jüdischen Siedlung

Palästinensisch-jüdisches Sommerlager in Nes Ammim während des Gaza-Krieges

Leitwort im Zelt der Nationen: „Wir weigern uns, Feinde zu sein"

Land wegnehmen. Und manche Christen, die sich selbst als „bibelgläubig" bezeichnen, unterstützen sie darin.

„Das Land gehört uns", sagen manche muslimische Palästinenser, „denn alles Land gehört den Muslimen, in dem der Islam einmal Fuß gefasst hat." „Das Land gehört uns", sagen manche christliche Palästinenser, „denn wir waren schon hier, bevor es den Staat Israel und den Islam gegeben hat."

„Das Land gehört uns", das ist nicht die richtige Folgerung aus Gottes Zusage. „Gott gibt euch dieses Land" ist eine uralte Zusage an ein Volk ohne Land, das die Wüsten dieser Welt durchzieht und keine Ruhe finden kann. Gott wird euch einen Ort geben, wo ihr Ruhe finden könnt. Dieses Versprechen hat Jüdinnen und Juden immer wieder aufgerichtet und ermutigt, wenn ihnen in einer dreitausendjährigen Geschichte ihr Ort streitig gemacht wurde, wenn ihre Existenz auf dem Spiel stand.

Als die Juden vor zig tausend Jahren in diesem Land sesshaft geworden waren, hatten sie eine andere Botschaft nötig. Auch die ist in der Bibel festgehalten. *Das Land gehört mir*, sagt Gott, *„ich gebe es euch nicht als Besitz."* (3. Mose 25,23) Das relativiert die Besitzansprüche aller. Juden, Muslime und Christen. „Das Land gehört mir", sagt Gott, „und ihr seid meine Untermieter." Haltet euch an den Mietvertrag! Lebt mit den anderen Mietern in Frieden und Gerechtigkeit!

Ruhe hat das Volk Israel auch *in* diesem Land immer nur dann gefunden, wenn es ihm gelang, mit den anderen Bewohnern des Landes in Frieden und Gerechtigkeit zu leben.

Ich kann verstehen, wie wichtig es ist, dass der Staat Israel ein „jüdischer Staat" ist. Ein Staat, in dem z. B. der Schabbat und die jüdischen Feiertage die Zeit bestimmen. Aber Ruhe finden können sie in diesem jüdischen Staat nur, wenn dieser die Rechte seiner Minderheiten schützt, wie es jede Demokratie und das jüdische Gesetz fordern.

Auch uns in Nes Ammim gehört ein Teil dieses Landes. Vor über fünfzig Jahren haben die Gründer Nes Ammims eine Million Schweizer Franken für einen Quadratkilometer Land an einen drusischen Großgrundbesitzer gezahlt. Wir haben Land erworben – wie die siebenhunderttausend Juden, die 1948 hier gewohnt haben. Sie haben so wenig wie wir den Arabern das Land weggenommen, wie in Deutschland oft fälschlich behauptet wird. Sie haben es – wie wir – zu fairen Preisen von arabischen Großgrundbesitzern gekauft.

Vierzig Jahre sind in Nes Ammim auf diesem Land Avocados und

Rosen gezüchtet worden. Heute ist ein Teil der landwirtschaftlich nicht mehr genutzten Fläche in Bauland umgewandelt worden. Zurzeit entstehen rund einhundert Häuser. Sie werden an jüdische und palästinensisch-muslimische und palästinensisch-christliche Familien verkauft.

Rund vierzig Familien haben schon gekauft. Sie wollen, dass ihre Kinder anders aufwachsen als sie. Sie wünschen sich für sich und ihre Kinder eine Zukunft zusammen mit den „anderen" in Frieden und Gerechtigkeit. In dem Land, das Gott denen versprochen hat, die eben das suchen.

Und die christlichen Zionisten, die „Bibelgläubigen" aus Amerika und Europa, sollen sich hüten nur die Texte zu lesen, die Israel das Land verheißen. Gerne zitieren sie die große Vision des Propheten Ezechiel (Kapitel 47). Den Gefangenen in Babylon wird versprochen, dass auf dem Zion ein neuer Tempel gebaut wird, von dem ein großer Strom ausgeht, der die Wüsten des Landes in blühende Gärten verwandeln wird, so dass jeder der 12 Stämme Israels Leben in Fülle haben wird. Eine großartige Verheißung, wenn die letzten Sätze (V. 22-23) nicht unterschlagen werden: „... und wenn ihr das Los werft, um das Land unter euch zu teilen, so sollt ihr die Fremdlinge, die bei euch wohnen und Kinder unter euch zeugen, halten wie die Einheimischen unter den Israeliten; mit euch sollen sie ihren Erbbesitz erhalten unter den Stämmen Israels, und ihr sollt auch ihnen ihren Anteil am Lande geben, jedem bei dem Stamm, bei dem er wohnt, spricht Gott der HERR."

Haben die Palästinenser verspielt oder sind sie beraubt worden?

„Nein", sagt Ruth, „sie ist zwar eine meiner besten Freundinnen und ein linker Vogel wie ich, aber ich folge ihren Argumenten nur bis zur Green Line (siehe Seite 19)." Ruths betagter Freundin hat es das Tal Dotan angetan. In einer der illegalen jüdischen Siedlungen hat sie sich eine Wohnung gekauft, um dort ihren Lebensabend zu verbringen. „Und jetzt meckert sie", sagt Ruth ironisch, „dass jeder, der sie besucht, am Checkpoint überprüft und ihr gesamter Herrenbesuch von den jungen Soldatinnen neidvoll registriert wird", fügt sie augenzwinkernd hinzu. Sie distanziert sich zwar von den Argumenten ihrer Freundin, aber sie nennt sie uns doch. Es hilft, einen Teil der

Siedlerbewegung besser zu verstehen, auch wenn wir uns wie Ruth deren Argumentation nicht zu eigen machen. Und es hilft, die palästinensischen Argumentationsmuster zu hinterfragen.

Der „linke Vogel", der sich imperial über die Green Line hinauswagt, fragt: „Wenn einer im Spielcasino eine beträchtliche Summe einsetzt und verliert und nach einiger Zeit wieder spielt und wieder verliert und es noch einmal versucht und wieder verliert und so weiter, bis er am Ende kaum noch etwas in der Hand hält, sollte man dem zurückgeben, was er verspielt hat? Dreimal haben sie gegen uns Krieg geführt und dreimal verloren, zweimal haben sie gegen uns revoltiert und verloren, sollten wir ihnen wirklich zurückgeben, was sie verspielt haben?"

Das ist Siegermentalität. Die strahlenden Sieger können aus ihrer Perspektive die blutige Geschichte leichtfüßig wie ein Glücksspiel ansehen, das sie gewonnen haben. In den Ohren der Verlierer klingt das zynisch. Mir kommt die grüne Landkarte in den Sinn, der ich überall in Palästina begegne: drei, fünf, sieben Karten von Palästina nebeneinander: die grüne Fläche steht für palästinensisches Land, das von Jahrzehnt zu Jahrzehnt kleiner und kleiner wird und dem größer werdenden jüdischen Staat Platz macht (siehe Bildteil). „Landraub" ist die unscharfe Brille, durch die Palästinenser diesen geschichtlichen Prozess sehen und die alle Differenzierungen ausblendet. „Verspieltes Kapital" ist die nicht weniger unscharfe Brille von Ruths Freundin und ihren Siedlernachbarn. Ich glaube nicht, dass beide Perspektiven gleich richtig oder gleich falsch sind. Meine Sympathie ist hier auf der Seite der Palästinenser. Schon aus Gründen des Völkerrechts.

Und doch bewähren auch die Freunde Palästinas (wie die Freunde Israels) ihre Freundschaft mit kritischen Anfragen. Das Gleichnis, das Ruths Freundin erzählt, hilft mir, die Sichtweise der Palästinenser zu relativieren. Sie sind in diesem Konflikt zwar Opfer, aber nicht nur Opfer. Fixierung auf die Opferrolle (in der die „falschen Freunde Palästinas" sie bestärken) führt zur Larmoyanz und verweigert Verantwortung. Wer kontinuierlich kompromisslos kämpft, ist an den Folgen der eigenen Niederlage nicht unschuldig. Sie sind beraubt worden, aber sie haben auch viel verspielt. Rien ne va plus.

In den fünfziger Jahren wurden mir Karten Deutschlands nach dem gleichen Muster präsentiert: Ein Jahrhundert kleiner und großer Kriege hat die Fläche Deutschlands beträchtlich dezimiert. Anders als die deutschen Revanchisten, zu deren Propaganda solche Karten gehörten, habe ich als Deutscher auf der „Verliererseite" gelernt, dass kompromissfähige Politik den Frieden mehr fördert als Beharren auf Rechtsstandpunkten. Und die Sieger haben nicht erneut die Fehler von Versailles gemacht. Statt die Verlierer zu demütigen, haben sie vielmehr aus der Position der Stärke heraus die Verlierer wertgeschätzt und ihnen Raum gewährt zu einem Neuanfang, zur Selbstachtung und zur Entwicklung eines unabhängigen Staatswesens.

„Palästina gab es nie – und wird es niemals geben"?

Das ist aggressive Propaganda. Wir finden sie auf einem Plakat jüdischer Siedler in Hebron, nationalistischer und religiöser Imperialisten. Sie basteln sich ihre eigene Welt und leugnen die Fakten. Was ist „Palästina"? Natürlich ist der Gebrauch wie die Vermeidung dieser Bezeichnung ideologisch.

Die Bezeichnung „Palästina" gibt es seit dem 2. Jahrhundert. Nach der Niederwerfung des zweiten jüdischen Aufstandes unter der Führung von Bar Kochba haben die Römer den Namen ihrer Provinz „Judäa" in „Palästina" umgewandelt (und alle Juden daraus vertrieben und ihre Rückkehr verboten). Seit dieser Zeit heißt das Land zwischen Jordan und Mittelmeer, zwischen Libanon und Ägypten „Palästina" und die dort lebenden Menschen „Palästinenser". Auch die in Hebron, Gaza, Jaffa oder Jerusalem lebenden Juden nannten sich in den Jahrhunderten vor der Staatsgründung Israels „palästinensische Juden". Die Landkarten zu meiner Schulzeit trugen Überschriften wie „Palästina zur Zeit Jesu" oder „Palästina zur Zeit der Kreuzritter". Es gibt einen im 19. Jahrhundert gegründeten Deutschen Palästina-Verein, der wissenschaftliche Ergebnisse aus Archäologie, Ethnologie und Geschichte Palästinas publiziert. Die nur in diesem Gebiet heimische kleine Giftschlange hatte bereits seit Jahrhunderten die wissenschaftliche Bezeichnung „palästinensische Viper". Das englische Mandatsgebiet hieß „Palestine". Juden aus Europa sagten, dass sie nach Palästina auswanderten.

Ideologisch wurden die Begriffe „Palästina" und „palästinensisch" erst durch ihre Vermeidung. Die Zionisten verdrängten diese – wie sie sagten – „antijüdischen" Begriffe mehr und mehr durch die hebräische Bezeichnung „Eretz Jisrael". Aber noch in den fünfziger Jahren gab es israelische Firmen, die den Namen „palästinensisch" oder „Palästina" unbefangen in ihrem Namen weiter gebrauchten. Die ideologisch begründete Vermeidung der Wörter „Palästina" und „palästinensisch" führte dazu, dass die Palästinensische Befreiungsorganisation (PLO) sie nun umgekehrt zu Kampfbegriffen machte. Im Unterschied zu Libanesen, Syrern, Jordaniern und Ägyptern bezeichnen sich heute alle Araber in diesem Gebiet als palästinensische Araber oder kurz als Palästinenser – in Analogie zu Syrern, Libanesen, Jordaniern oder Ägyptern. Sie unterscheiden sich selbst als Palästinenser mit israelischer Staatsbürgerschaft (das sind 20 Prozent der Israeli) und Palästinenser in den von Israel besetzten Gebieten, die darauf hoffen, einen eigenen Staat gründen zu dürfen, den sie dann im Unterschied zu Israel „Palästina" nennen. Einer unserer Freunde aus Nazaret eröffnet seine Vorträge in Europa oder Amerika immer damit, dass er sagt: „Ich bin Palästinenser" – Skepsis kommt auf – „und Christ" – Staunen. Haben wir richtig verstanden: Christ, nicht Terrorist? – „und Israeli" – Verwirrung! Die reale Situation ist unübersichtlich, sie zerbricht die mitgebrachten einfachen Bilder.

Andere von der anderen Seite sehen

Am Schwarzen Brett hängt die Ankündigung einer Fahrt an den Zaun, den Israel als Grenze zwischen sich und die besetzten palästinensischen Gebiete errichtet hat – und der um Jerusalem herum eine hohe Mauer ist. Ich hatte das Wort „Segregation Fence" (Sperrzaun) benutzt, das ich nach einem Protest israelischer Besucher in Nes Ammim in „Separation Fence" (Grenzzaun) verändert habe. „Security Fence" (Sicherungszaun) mochte ich nicht gebrauchen, es erschien mir mindestens ebenso ideologisch wie „Segregation Fence".

Je nachdem, auf welcher Seite ich mich gerade befinde, gibt der Zaun das Gefühl der Sicherheit oder das der Aussperrung. Und je nachdem, wie ich ihn benenne, bestimmt dies mein Verhalten ihm gegenüber. „Zwischen den Stühlen" würde ich gerne einmal dem einen, ein anderes Mal dem anderen Sprachgebrauch folgen. Aber mir ist bewusst, dass ich meist von „Grenzzaun" oder „Grenzmauer" spreche. Die Tatsache, dass er seinen Ursprung in dem Willen Israels hatte, sich vor Terrorattacken zu schützen, wird verdunkelt durch die Tatsache, dass er fast dreimal länger ist als die Waffenstillstandslinie von 1949, weil er nur zu einem kleinen Teil auf dieser Linie errichtet wurde. Überwiegend hat er die Funktion, Israel und Jerusalem große Teile palästinensischen Landes einzuverleiben. Er ist zumindest auch ein Instrument des kalten, brutalen Landraubes.

„Gott, wie dein Name, so ist auch dein Ruhm: bis an der Welt Enden." (Psalm 48,11) Israels Gott ist kein „Stammesgott", sondern Schöpfer und Herr der Welt. Auch jenseits menschlicher Grenzen ist Gott präsent. Deshalb ist es heilsam, Grenzen zu überschreiten, um die Welt von der anderen Seite zu sehen.

Die Grenze zu überschreiten, ist in Israel und Palästina vielen nicht möglich. Die einen bedauern das und nennen Zaun und Mauer Instrumente der Aussperrung. Die anderen begrüßen das und sagen: Sie sind Instrumente der Sicherheit. Für beide wäre es gut, wenigstens in Gedanken über die Grenze zu gehen und die Sichtweise der anderen zu verstehen.

Ruth ist Israelin, aber seit Jahrzehnten streitbare Anwältin für die Rechte der Palästinenser in Israel wie in den besetzten Gebieten. Sie führt uns entlang des Zaunes, den auch sie „Sicherungszaun" nennt. Mit britischem Humor lässt sie uns die bitteren Wahrheiten aushalten. Einmal aber entschwinden alle Züge der Heiterkeit aus ihrem Gesicht. Ihre Stimme verrät auch noch nach Jahren ihre Betroffenheit.

Von einer erhöhten Stelle aus weist sie auf ein palästinensisches Dorf jenseits des Zaunes. Seine Bewohner sind von ihren Olivenhainen und Feldern ausgeschlossen, die sich diesseits des Zaunes bis zu der unsichtbaren Grenze von 1949 erstrecken. In der Ferne auf israelischem Gebiet können wir einen Kibbuz erkennen. Er ist bekannt wegen seines Engagements für soziale Gerechtigkeit. Als der Zaun vor über zehn Jahren errichtet wurde, haben die Kibbuzniks sich dafür eingesetzt, dass er ihre palästinensischen Nachbarn nicht von deren Feldern trennt (siehe Bildteil). Mit Erfolg. Sie erreichten, dass der zuständige Minister aus Jerusalem sich für ein Gespräch im Kibbuz ankündigte und eine Grenzkorrektur in Aussicht stellte. Das war schon ein halber Sieg.

Aber an dem Nachmittag, für den sich der Minister angesagt hatte, war kein Mensch in diesem Kibbuz. Sie alle waren auf verschiedenen Beerdigungen. Am Tag vorher nämlich hatte ein Palästinenser aus dem Nachbardorf eine Mutter mit ihren drei Kindern, eine herbeieilende Nachbarin sowie auf seinem Fluchtweg mehrere andere Bewohner des Kibbuz erschossen.

Für Ruth ist der Zaun darum auch ein Sicherungszaun. Sie trauert um zahlreiche Menschen aus ihrem Freundeskreis, die durch Terrorakte ums Leben kamen. Sie stand auch auf der gegenüberliegenden Straßenseite, als ein Bus mit Schulkindern in die Luft flog. „Wer Zaun und Mauer einreißen will", sagt sie, „muss auch auf die Frage antworten, wie das in Zukunft verhindert werden kann." Und Antworten findet man nicht, ohne Grenzen zu überschreiten und auf die andere Seite zu gehen, in Gedanken und in der Realität.

Raum für neue Erfahrungen – ein gemeinsames Seminar in Nes Ammim

„Durch die verschiedenen Bilder des Landes und des Konfliktes, wurden auch unterschiedliche Fragen gestellt und somit neue Perspektiven offenbart." So endet Koljas Bericht über ein dreitägiges gemeinsames Seminar von Freiwilligen aus Palästina und aus Nes Ammim. Seit zwei Jahren bemühe ich mich, dieses Unternehmen zustande zu bringen. Gemeinsam mit Daniel Baumann, der für ein Jahr an der Erlöserkirche in Jerusalem als Pastor arbeitet und dort für die Arbeit mit den Freiwilligen zuständig ist, und mit Unterstützung von Angela Grünert in Talitha Kumi ist das endlich gelungen. So wie wir, die wir in Israel leben und arbeiten, durch Erfahrungen in Ostjerusalem und den besetzten Gebieten zu neuen Perspektiven gelangen, können Freiwillige, die dort arbeiten, in Nes Ammim und dem Norden Israels neue Perspektiven gewinnen. Damit erweist sich Nes Ammim einmal mehr als Ort der Begegnung, der liebgewordene Bilder sprengt und Raum schafft für neue Erfahrungen. Die Bilanz des dreitägigen Seminars ruft nach Wiederholung und einer ständigen Einrichtung. Statt selber zu berichten, lasse ich Kolja Rösener aus Deutschland sprechen, der seit dem letzten Sommer für ein Jahr in Talitha Kumi, der palästinensischen Schule in Beit Jala, arbeitet:

> „Durch Austausch über Begegnungen, Gespräche und Eindrücke haben wir Volontäre schnell gemerkt, dass der politische Konflikt in Israel und Palästina sehr unterschiedlich wahrgenommen wird. Die eigene Wahrnehmung wird durch das Arbeits- und Lebensumfeld sehr geprägt … Ein Highlight war das Gespräch mit einem ehemaligen Offizier der israelischen Armee (IDF). Unter dem Titel ‚Was ich einen Patrioten immer

schon fragen wollte' hatte man die Möglichkeit, Fragen zu stellen und über Themen zu sprechen, die einem sehr am Herzen liegen, die man sich aber nur selten traut anzusprechen …

Das ‚Center for Humanistic Education' in Nes Ammims Nachbarschaft bietet Juden und Arabern zu gleichen Teilen einen Ort zum gemeinsamen und Voneinander-Lernen. Hier hat besonders die Diskussion über die Frage ‚Was verspricht sich ein Volontär von seinem Einsatz?' ihren Raum. Haben wir Volontäre, die von außen kommen, das Wissen und die Befugnis, uns einzumischen? Können wir überhaupt ansatzweise verstehen, wie die Menschen hier im Land denken, was sie bewegt und motiviert so zu handeln, wie sie es tun? … Der Austausch über solche Themen hat uns alle sehr beschäftigt und aufgewühlt, jedoch wurde das stets als positiv wahrgenommen.

Ein ebenfalls sehr spannender Programmpunkt waren die Besuche in einem arabischen Dorf und einem Kibbuz. Man hat Einsicht in das tägliche Leben der Bewohner bekommen … Ein weiterer ergreifender Moment war der Besuch eines zerstörten, arabischen Dorfes und dessen Friedhofs. Auch wenn alle Häuser des Dorfes abgerissen wurden, hatten die Milizen die Moschee stehen lassen.

Im Leo Baeck Education Center in Haifa wird das Projekt ‚Friends Forever' angeboten. Fünf jüdische und fünf arabische Schüler fliegen für zwölf Tage in die USA und leben, lernen und reden gemeinsam. Auf neutralem Boden lernen sie die Kultur und Religion ihres zugeteilten Partners kennen. Es wird versucht, Verständnis für das Gegenüber zu schaffen. Warum macht er das? Was steckt hinter den Ritualen? Das Gespräch mit vier jüdischen Schülern, welche an dem Programm teilgenommen haben, war sehr ergreifend. Die Schüler haben erstmalig in ihrem Leben positive oder überhaupt Erfahrungen mit Arabern gesammelt. Von klein auf wurde ihnen durch Familie, Freunde und Medien vermittelt, dass die Araber böswillig sind und gemieden werden sollten. Ein Kontakt konnte gar nicht stattfinden. Alles, was die beiden Parteien voneinander wussten, waren die oft falschen Vorurteile … Durch Projekte wie das Leo Baeck Education Center haben Schüler die Möglichkeit, in jungen Jahren andere Erfahrungen zu machen als ihre

Eltern. Diese Generation kann es schaffen, alte Fehden und Frustration aus der Geschichte des Landes zu überwinden …

Das Seminar wurde mit großer Begeisterung von allen Teilnehmern angenommen. Die Gespräche waren tiefschürfend und haben Stoff zum Nachdenken gegeben. Besonders die Kombination der Volontäre aus den verschiedenen Teilen Palästinas und Israels hat das Seminar bereichert. Durch die verschiedenen Bilder des Landes und des Konfliktes, wurden auch unterschiedliche Fragen gestellt und somit neue Perspektiven offenbart."

Arznei gegen den Kummer – „Die Kämpfer für den Frieden"

„Ich hatte viel Kummer in meinem Herzen, aber deine Tröstungen erquickten meine Seele." (Psalm 94,19) So heißt es in einem Gebet der hebräischen Bibel. Viel Kummer – davon können unzählige Menschen auf dieser Welt ein Lied singen. Und manchmal ist der Kummer so groß, dass sich gar kein Ausweg mehr findet aus den täglichen Klageliedern.

Seit ich in Israel, nahe der Grenze zum Libanon lebe, habe ich bei Kummer im Herzen Erfahrungen vor Augen, vor denen ich in Europa verschont bin.

Vor ein paar Wochen habe ich das erste Mal in meinem Leben in einem Luftschutzbunker Zuflucht suchen müssen. Die Raketen verletzten diesmal niemanden. Am gleichen Tag erschossen israelische Soldaten drei Palästinenser bei einer gewaltsamen Auseinandersetzung in den besetzten Gebieten. Jenseits der Grenzen in Syrien und Ägypten feiert seit Monaten die Gewalt Orgien. Hunderttausendfach produziert das Kummer im Herzen. Kein Ende in Sicht?

In dem biblischen Gebet erinnern sich die Menschen in ihrem Kummer auch an Erfahrungen von Trost und Erquickung. Die Erinnerung an eine gute Erfahrung erhellt wie eine Kerze das Dunkel ihrer Gegenwart. Und wenn mir keine eigenen Erfahrungen einfallen, helfen mir die der anderen. Seit ich in Israel lebe, sind mir viele Hoffnungsträger begegnet.

Bei einem Gesprächsabend in Bethlehem lerne ich Ariel kennen. Ein kräftiger Mann, Anfang dreißig. Er ist jüdischer Israeli. Über die Gesetze Israels setzt er sich mutig hinweg. Denn die verbieten ihm eigentlich heute, nach Bethlehem zu kommen. Vor 12 Jahren wurde ihm zusammen mit anderen Soldaten befohlen, nach Bethlehem zu gehen, um in den Flüchtlingslagern Terroristen aufzuspüren, tot oder lebendig.

Neben ihm sitzt Ahmed. Gleiches Alter. Gleiche Statur. Er ist Palästinenser. Mehrere Jahre war er in einem israelischen Gefängnis, weil er während der Zweiten Intifada, dem Aufstand gegen die Besatzer, bei Gewalt-Aktionen verhaftet wurde.

Wenn Ahmed und Ariel sich vor zwölf Jahren plötzlich begegnet wären, hätten sie sich vielleicht gegenseitig umgebracht. Heute sind sie Freunde. Sie arbeiten zusammen mit anderen als „Kämpfer für den Frieden". Gemeinsam ist ihnen, dass sie nicht mehr an die Gewalt glauben. Ariel ist zu der Überzeugung gelangt, dass die Besatzung Israel mehr schadet als nützt – und Ahmed zu der Überzeugung, dass gewaltsamer Widerstand den Palästinensern mehr schadet als nützt.

„Die Kämpfer für den Frieden" organisieren Demonstrationen an den Kontrollpunkten, üben sich im gewaltfreien Widerstand und klären Israeli und Palästinenser darüber auf. Für mich sind sie Hoffnungsträger. Sie machen die schlimmen Erfahrungen nicht zunichte, aber sie stiften Hoffnung. Und Hoffnung gibt Widerstandskraft, wirkt wie Arznei gegen die Resignation und gegen den Kummer im Herzen.

Trauer teilen und verarbeiten – Gemeinsames Totengedenken

Ein Gedenktag für die Gefallenen ist in jedem Land ein schwieriger und trauriger Tag. In Israel liegen die Kriegserfahrungen nicht so lange zurück wie in Deutschland. Sie sind geradezu gegenwärtig. Beinahe jeder im Land kann sich an den gewaltsamen Tod eines geliebten und vertrauten Menschen erinnern. Auch wir in unserem christlichen Dorf Nes Ammim gehen jedes Jahr an die Gräber von zwei unserer Freiwilligen, die vor Jahren als Soldaten Israels ermordet wurden (siehe Bildteil).

In diesem Jahr aber gab es eine aufgeregte Diskussion im Vorfeld des Gedenktages. Ausgelöst durch eine Einladung am schwarzen Brett zu einer gemeinsamen „Palästinensisch-israelischen Gedenkfeier in Tel Aviv". Nicht nur jüdische Angestellte sondern auch einige europäische Freiwillige waren entsetzt und geradezu verletzt. „Wie könnt ihr der Ermordeten zusammen mit den Mördern gedenken!", brachte es einer provokativ auf den Punkt.

Unbeeindruckt durch diese Debatte fuhr ich mit zehn Freiwilligen nach Tel Aviv. Schon seit zehn Jahren lädt zu dieser Gedenkfeier die Organisation „Kämpfer für den Frieden" ein. Jedes Jahr kommen mehr Menschen in die notorisch überfüllte Messehalle. Es ist eine überraschende Erfahrung: Die um ihre Getöteten trauern, begegnen auf der anderen Seite nicht Mördern, sondern anderen, die um ihre Opfer trauern. Die sich für Feinde hielten, zeigen einander ihr Gesicht. Die sich dem Schmerz der anderen aussetzen, spüren das Mitleiden der anderen am eigenen Schmerz.

Von einer solchen Gedenkfeier geht eine Kraft aus, die hilft, den Schmerz zu ertragen. Und sie gibt Mut, alles dafür zu tun, dass nicht im nächsten Jahr wieder neue Opfer zu beklagen sind. Sie verändert den Gedenktag für die Gefallenen, weil sie die Sinne weitet über die engen Grenzen hinaus, die Menschen gewöhnlich zwischen sich und ihren Feinden errichten. *„Gott lässt regnen über Gute und Böse"* (Matthäus 5,45), sagt eine alte jüdische Weisheit. Denn *„Gott hat seinen Thron im Himmel errichtet und sein Reich herrscht über alles"* (Psalm 103,19). Ohne Grenzen.

Als wir nach Hause kamen, konnten wir am schwarzen Brett lesen, dass die Gegner dieser Gedenkfeier zu einer Gebetsstunde für uns eingeladen hatten. Gebete sind wirksam. Manchmal auch anders, als die Betenden erwarten.

Wenn der Schmerz fruchtbar wird – Verwaiste Eltern in Palästina und Israel

Unsere Gruppe hatte zwei Männer mittleren Alters zu Gast. „Es war zuerst wie an jedem Schabbat", begann einer der beiden zu erzählen. „Nach dem Schabbatende beim Sonnenuntergang begann ein buntes Treiben auf den Plätzen Jerusalems. Unsere fünfzehnjährige Tochter Hana hatte sich verabschiedet, weil sie wie üblich mit ihren Freundinnen auf der Ben-Jehuda-Straße verabredet war. Genau dort sprengte sich an diesem Abend ein Selbstmordattentäter in die Luft. Hana gehörte zu denen, die er bei diesem Anschlag mit in den Tod gerissen hat."

Auch viele Jahre nach dem schrecklichen Ereignis spürten alle dem Vater ab, wie schwer er immer noch daran trug. „In den ersten Jahren war es schlimmer, trostloser, verzweifelter", sagte der Israeli.

Bevor er erzählte, wie seine Trauer eine entscheidende Wendung nahm, kam der Mann neben ihm zu Wort. Er ist Palästinenser. Er erzählte von seinem zwölfjährigen Sohn Ibrahim. „Ein israelischer Soldat, nicht viel älter als unser Sohn, hat ihn vor den Augen seiner Freunde auf unserer Dorfstraße erschossen. Ibrahim hatte Steine geworfen. Ist das ein Grund, ein Kind zu erschießen?" Auch diesem Vater spürten wir nach Jahren noch ab, wie untröstlich und verzweifelt er war.

Beide Väter fanden den Weg zum Eltern-Kreis, einem Kreis verwaister trauernder Eltern, israelischer und palästinensischer Eltern. Die beiden Väter berichteten, nachdem zunächst jeder seine eigene Geschichte erzählt hat, von ihren gemeinsamen Erfahrungen. Beide hatten sich lange Zeit geweigert, in einen Kreis zu gehen, bei dem sie auf die jeweils andere Seite, also die Mörder ihrer Kinder, stoßen.

Wie viele Gespräche waren nötig, wie viele Schritte, Rückschritte, Wege und Umwege, bis sie erkennen konnten, dass die jeweils anderen nicht die Mörder ihrer Kinder sind! Die palästinensischen und israelischen Eltern – sie sind Leidensgenossinnen und Leidensgenossen. Wie in einem Spiegel erkennen sie in den Menschen von der anderen Seite die, die genauso verwundet, verletzt und verzweifelt sind wie sie. Der eigene Schmerz wird dadurch nicht aufgehoben, aber er wird gemildert.

Ihre Freunde, Nachbarn, ja sogar Familienmitglieder halten sie für Verräter. Aber davon lassen sie sich nicht beirren. In ihrem Kreis stärken sie sich gegenseitig. Und dann gehen sie mutig nach außen und erzählen gemeinsam anderen von ihren Erfahrungen. Zum Beispiel in Schulen. Auf beiden Seiten.

Bis zur Versöhnung ist es noch ein weiter Weg. Aber sie haben sich auf den Weg gemacht, den Weg der kleinen Schritte. So bleibt ihr Schmerz nicht länger fruchtlos.

B D S – Blindheit – Dummheit – Schwachsinn?

„Wandel durch Annäherung" – das war vor fünfzig Jahren die neue Marschrichtung sozialdemokratischer Politik im Ost-West-Konflikt. Sie war eine Provokation für die Betonköpfe im Westen wie im Osten. Aber gerade diese provokative Politik der kleinen Schritte und des langen Atems war am Ende erfolgreich. Der politisch nicht-korrekte

Pragmatismus hat die auf beiden Seiten ideologisch verfestigten Fronten aufgesprengt und der Vernunft Bahn gebrochen.

Natürlich ist die Situation in Nahost heute eine andere und nur unter vielen Vorbehalten mit der Situation Deutschlands im Kalten Krieg vor fünfzig Jahren vergleichbar. Aber die Betonköpfe auf beiden Seiten und die verhängnisvollen Bilder, die jede vernünftige Lösung verhindern, in israelischen wie palästinensischen Köpfen wie in denen ihrer jeweiligen Sympathisanten in Deutschland rufen die Erinnerung wach – und den Wunsch, die alte Parole in aktueller Situation zu wiederholen. Denn Annäherung – das scheint für beide Seiten die Gefahr Nummer eins zu sein.

Seit Jahren versucht die israelische Regierung ziemlich erfolgreich, ihre Staatsbürger von allen Kontakten mit den Palästinensern in den besetzten Gebieten fernzuhalten. „Sicherheitsbedenken" heißt die gebetsmühlenartig vorgebrachte Begründung, die ja keineswegs vom Tisch gewischt werden müsste, wenn unter Beachtung bestimmter Auflagen Begegnungen ermöglicht würden. Aber Begegnungen sind ganz offensichtlich nicht gewollt. Sie werden auch in Drittländern nach Möglichkeit behindert. Und Ausländer, die solche Begegnungen fördern, werden mehr und mehr beargwöhnt.

Dabei belehrt uns jeder Besuch auf der Westbank, wie gerade solche Begegnungen die ideologisch fixierten Bilder im Kopf sprengen. Wenn wir von unseren Begegnungen in den besetzten Gebieten nach Israel zurückkommen, treffen wir bei unseren Erzählungen immer auf ungläubiges Staunen. Feindbilder gedeihen nirgendwo so gut wie in der Distanz, und der Augenkontakt ist bekanntlich der erste Schritt, sie zu zerstören. Wer Feindbilder erhalten und nähren möchte, muss darum alle menschlichen Kontakte unterbinden.

Aber das ist auf palästinensischer Seite seit einiger Zeit nicht anders. Der ideologische Beton hat drei geheimnisvolle Buchstaben geformt: BDS. „Blindheit – Dummheit – Schwachsinn" möchte man das entschlüsseln, aber es steht für „Boykott – Disengagement – Sanktionen". Geboren ist das Programm aus dem verständlichen Wunsch, gewaltfreie Aktionen zu entwickeln im Kampf gegen die Besatzung. Aber es zerstört alle zaghaften und beherzten Versuche, Begegnungen von Menschen zu fördern, die nichts voneinander wissen, als dass die jeweils anderen ihre Feinde sind.

Wie wichtig solche Begegnungen im Friedensprozess sind, erfahren wir in Nes Ammim beinahe täglich. Umso bedeutsamer sind sie innerhalb der besetzten Gebiete. Es ist schmerzlich, von befreundeten Organisationen und Gruppen dort zu hören, wie deren Dialog-Arbeit von den palästinensischen Autonomiebehörden torpediert wird. Gespräche, Tagungen und Konferenzen, an denen jüdische Israeli teilnehmen, sind neuerdings in den besetzten Gebieten verboten und wenn sie in Drittländern (z. B. in Jordanien) stattfinden, haben die teilnehmenden Palästinenser mit Sanktionen zu rechnen. Ihnen wird unterstellt, die Besatzung hinzunehmen und dazu beizutragen, sich an sie als „Normalität" zu gewöhnen.

Im Kampf gegen Sodom und Gomorrha

Wenn es ums Überleben geht, werden alle Feindbilder relativiert. Das ist die Erfahrung zahlreicher Umweltgruppen im Land. „Freunde der Erde" heißt eine, „Wasser kennt keine Grenzen" eine andere. Wir kommen mit ihnen in Kontakt bei einem Studientag für die Freiwilligen in Ein Gedi, einem Kibbuz am Toten Meer. Eine Deutsche lebt und arbeitet hier seit über dreißig Jahren. Sie liebt diese einzigartige faszinierende Wüstenlandschaft und ist mehr und mehr besorgt um ihren Erhalt.

An der tiefsten Stelle der Erde, 400 Meter unter dem Meeresspiegel, wird ein riesiges Salzmeer (so der hebräische Name) durch Mineralquellen am Seegrund gespeist. Die chemische Zusammensetzung macht das Wasser so schwer, dass menschliche Körper auch ohne jede Schwimmbewegung an der Wasseroberfläche bleiben, und sie führt zu einer Heilkraft gegen allerlei schwere (vor allem Haut-) Erkrankungen.

Wer mehrere Jahre nicht hier war, traut seinen Augen nicht. Die Seeoberfläche wird immer kleiner, weil der Wasserspiegel dramatisch fällt, jedes Jahr um ca. einen Meter, ca. 30 Meter seit 30 Jahren. Die vor über dreißig Jahren gebauten Hotels karren ihre Gäste heute mit Shuttlebussen an das ein bis eineinhalb Kilometer entfernt liegende Seeufer. Der sinkende Wasserspiegel führt zu zahlreichen Folgeschäden. Am auffälligsten sind die riesigen Erdlöcher entlang dem palästinensisch-israelischen Seeufer; über dreitausend sind es bisher und immer neue brechen auf. Drei Personen sind schon von der sich unter ihnen auftuenden Erde verschluckt und schwer verletzt worden.

Die Ursachen sind bekannt. Riesige unterirdische Salzschichten, die früher vom salzigen Grundwasser zusammen- und stabil gehalten wurden, werden jetzt von Zuflüssen und Niederschlägen mehr und mehr abgeschmolzen. Dadurch entstehen gigantische Hohlräume.

Dass dem Jordan das Wasser bis zur Mündung fast restlos entnommen wird, also kaum mehr etwas im Toten Meer ankommt, ist nur ein kleines Übel, so lernen wir, gemessen an der riesigen Wasserentnahme durch die chemische Industrie am Südufer des Toten Meeres. Das Wasser wird dort industriell im großen Stil künstlich verdunstet, um aus den Mineralien Kunstdünger zu gewinnen, der über die Häfen am Roten Meer direkt nach Indien und China exportiert wird. Die Firmen sind im Privatbesitz. Eine superreiche Familie bedient sich unentgeltlich am Allgemeingut des Wassers, um daraus immense private Profite zu schlagen. Das ist in Israel nicht anders als überall auf der Welt. Und auf der jordanischen Seite ist die Situation genau dieselbe. Beide Regierungen sind machtlos gegenüber den Wirtschaftsimperien.

Es gibt Pläne, die eine Gigantomanie durch die nächste zu heilen: Durch eine 200 km lange Pipeline soll Meerwasser aus dem Roten ins Tote Meer geleitet werden. Auch das Meerwasser ist zwar salzig, es hat aber eine gänzlich andere chemische Zusammensetzung, die sich mit der des Toten Meeres nicht verträgt, die Situation also verschlimmbessern würde mit ungeahnten Folgerisiken.

Dass nach biblischer Überlieferung just an dieser Stelle die Städte Sodom und Gomorrha gelegen haben, lässt auf die Idee kommen, dieses Verbrechen gegen Natur und menschliche Gesellschaft „Sodomie", die „Sünde Sodoms" zu nennen, die zur Umkehr ruft, weil sie sonst bekanntlich zu Katastrophen führt. In einer emotionalen Aufwallung wünschte ich mir, die Verantwortlichen für die exzessive Wasserentnahme aus dem Jordan wie die Mineralienindustrie im Süden des Toten Meeres würden vor Schreck zur Salzsäule erstarren wie einst Lots Frau beim Anblick dieses einzigartigen Ortes der Erde. Und alle, denen der Jordan heilig ist, sollten den Mächtigen in den Ohren liegen und auf die Füße treten, diesen Todesfeldzug gegen die Schöpfung zu beenden.

Gegen diesen Goliat, das Natur und Menschen fressende Ungeheuer, hat sich ein kleiner David gefunden. „Freunde der Erde" nennt sich die Umweltgruppe, die Pläne schmiedet, wie mit gewaltfreien Aktionen die Zerstörung aufgehalten werden kann. Sie arbeitet international, denn „Wasser kennt keine Grenzen": Der israelische Kibbuz arbeitet mit einem palästinensischen Dorf in den besetzten Gebieten und einem jordanischen Dorf zusammen. Denn alle drei sind Anrainer am Toten Meer. Am unkompliziertesten können sie sich in Jordanien treffen, weil die Palästinenser nicht nach Israel kommen können und die Israeli nicht in die A-Zonen (siehe Seite 129) der besetzten Gebiete kommen dürfen. Aber die meisten Schwierigkeiten werden den Palästinensern gemacht, weil die Palästinensischen Autonomiebehörden solche Treffen als „Normalisation" werten. Sie sagen, wer im Kontakt mit dem Feind steht, ohne direkt gegen die Besatzung zu kämpfen, verführt dazu, diese als „normal" zu betrachten und sich und andere daran zu gewöhnen. Ihr politisches Programm heißt „Disnormalisation".

Die Umweltgruppen verfahren nach dem Gegenprogramm „Wandel durch Annäherung". Sie zerstören bei ihren Treffen Feindbilder und vermitteln die Erfahrung, dass unbeschadet aller Unterschiede die drei Völker am Toten Meer die gleichen Interessen haben. Gegen die Natur sind am Ende alle drei die Verlierer. Aber als „Freunde der Erde" kann ihre Freundschaft auch untereinander wachsen.

In Palästina gehen die Uhren anders

In der vergangenen Woche war ich wieder mit 17 Freiwilligen aus Nes Ammim zu einem dreitägigen Seminar in der Westbank. Zwei Erfahrungen waren diesmal neu, und beide zeigen die Wirkungen des „Disnormalisierungs-Programms" der palästinensischen Autonomiebehörden. In Palästina gehen zurzeit die Uhren buchstäblich anders als in Israel. Wir mussten für diesen Besuch die Zeit umstellen. Denn in Palästina endete die Sommerzeit am 5. Oktober. Auf diese Weise bildet Palästina eine einsame Zeit-Insel im Weltenmeer, auch von allen arabischen Staaten isoliert.

Das führt zu grenzenlosen Kuriositäten: In ganz Jerusalem ist noch Sommerzeit, in Bethlehem (etwas südlich) und Ramalla (etwas nördlich) bereits Normalzeit. Überall wird bei jeder Verabredung gefragt: Israelische oder palästinensische Zeit? Das Treffen mit dem Rabbi in der jüdischen Siedlung wie das mit den Diplomaten im Deutschen Büro wurde nach israelischer Zeit verabredet, alle übrigen Treffen nach palästinensischer Zeit. Das ist „Disnormalisation". Den unbefangenen Besucher erinnert es an den Trotz des kleinen Jungen, der mit einem energischen Auftritt seine Selbständigkeit behauptet, ohne zu merken, wie lächerlich er sich damit macht.

Zu unseren Erfahrungen mit „Disnormalisation" gehörte auch eine weniger amüsante Erfahrung. Geplant war ein Besuch bei der Nichtregierungsorganisation „Karama" (arabisch für Würde), die im Flüchtlingslager Deheishe Sozialarbeit macht. Aber die Anfrage unseres Guide, der in diesem Flüchtlingslager wohnt und dort geboren ist, einen Termin für ein Treffen mit unseren Freiwilligen zu verabreden, wurde brüsk abgelehnt. Sie hatten im Internet über Nes Ammim recherchiert und teilten mit: „Wir sprechen nicht mit denen, die mit Siedlern und Kippot sprechen." („Kippot" ist ein rassistischer Ausdruck für religiöse Juden, deren Kopfbedeckungen die „Kippot", Mehrzahl von „Kippa", sind.)

Das ist der ideologische Beton in den Köpfen der einen Seite, der dem in den Köpfen der Rechtsradikalen in Israels Regierung auf der anderen Seite in nichts nachsteht. Betonköpfe auf beiden Seiten – wie in Ost und West im Kalten Krieg der fünfziger und sechziger Jahre. Dem setzen wir beherzt unser Programm „Wandel durch Annäherung" entgegen, in dem uns diese Erfahrung der Zurückweisung und der Dialogverweigerung nur bestärkt.

Bei der Organisation Karama arbeiten im Übrigen auch deutsche Freiwillige, und wie man im Internet lesen kann, bekommt sie aus Deutschland reichlich Spendengelder. Diese Freiwilligen und Sympathisanten mit ihrer Dialogverweigerung sind für mich „Palästinas falsche Freunde". Sie fixieren Palästinenser auf die Opferrolle. Und ihre Ideologie des „Alles oder nichts" verhindert schrittweise Veränderungen und Begegnungen, die (Feind-)Bilder zerbrechen. Ich vermag nicht zu erkennen, dass Dialogverweigerung besser geeignet ist, die Besatzung Palästinas zu beenden, als Dialog und Begegnung.

Für Palästinenser eintreten, ohne zu Gegnern Israels zu werden

Herzliche Gastfreundschaft und verstörende Begegnungen führen zu einem Wechselbad der Gefühle bei Freiwilligen aus Nes Ammim, die sich für drei Tage in die Westbank begeben haben.

Verstörend war die Begegnung mit einem jüdischen Siedler aus Alon Shevut. Ein überaus freundlicher und zuvorkommender Gastgeber, der uns stolz durch seine Siedlung führt, die wie ein Villenvorort im Speckgürtel einer amerikanischen Großstadt wirkt. Grüner, künstlich bewässerter Rasen und blühende Sträucher passen irgendwie nicht zu der Information vom Vormittag, dass den Palästinensern in der Westbank von ihrer Besatzungsmacht unangekündigt immer wieder für viele Stunden und manchmal für Tage das Wasser abgedreht wird. Vom Dach der Talmudschule haben wir einen herrlichen Blick über die vielen Siedlungen des Gush Etzion, von denen vier auf früh gegründete Kibbuzim zurückgehen, die 1948 von der jordanischen Armee zerstört, ihre Bevölkerung getötet oder vertrieben wurde und die 1967 „zurückerobert" wurden. Gibt dies Juden das Recht, gegen das Völkerrecht eine ganze Stadt, nein zig kleine und große Städte in palästinensisches Land zu bauen?

Wir entdecken zwischen den Siedlungen den unbebauten Hügel der christlich-palästinensischen Familie Nassar, das Zelt der Nationen (siehe Seite 100-102), dessen Bewohner am Eingangstor ihres Geländes mehrsprachig verkünden „Wir weigern uns, Feinde zu sein". Unser Gastgeber hat noch nie davon gehört. Er weiß nicht, dass seine Nachbarn immer wieder die Familie Nassar überfallen, die Zufahrtsstraße aufgerissen und damit blockiert und in einer Weihnachtsnacht 250 alte Ölbäume abgehackt haben. Da ist niemand, der die Opfer dieser Gewaltakte schützt. Israels Soldaten schützen die Täter. Der Siedler zuckt verlegen mit den Schultern. So recht wollen uns seine Kekse nicht mehr schmecken.

Wir versuchen, den Widerspruch auszuhalten, auch den Kontrast zu unseren Erfahrungen in Nes Ammim, wo Juden und Palästinenser einander vertrauensvoll begegnen. Wir wollen die schwierige Lektion lernen, für Palästinenser einzutreten, ohne zu Gegnern Israels zu werden.

Endet der Rechtsstaat Israel an der Green Line?

Eine Freundin in Deutschland hat mich gefragt, was ich zu dem Freudentaumel sage, den die palästinensischen Autonomiebehörden medienwirksam inszeniert haben, nachdem im Zuge der Friedensverhandlungen viele Langzeitgefangene aus israelischen Gefängnissen freigelassen und als Helden gefeiert wurden (siehe Bildteil). Nun, gefallen hat mir das nicht. Es hat mich nachdenklich gemacht. Erinnert wurde ich zunächst an die Jubelfeiern in Israel bei der Freilassung von Gilad Shalit, dem Helden der anderen Seite. Ja, Gilad Shalit wurde nicht gefangen gehalten, weil er Menschen getötet hat, sondern als Geisel missbraucht. Das ist schon etwas anderes. Aber als die Juden – wie die Palästinenser heute – für einen eigenen Staat kämpften und das gegen ihre (englischen) „Besatzer" ebenfalls mit Terroraktionen betrieben, hießen die jüdischen Terroristen auch Freiheitskämpfer, wurden später, als Helden gefeiert, Minister und Premierminister. Auch Baruch Goldstein kommt mir in den Sinn, der 1994 in der Ibrahim-Moschee in Hebron 29 Palästinenser während des Gebetes erschoss und 150 schwer verletzte. Oberhalb von Hebron in der Siedlung Kiryat-Arba wird er von den Siedlern mit einem Grabmal als Heiliger und Märtyrer verehrt.

Und wer sind die Palästinenser, die so lange im Gefängnis saßen wie in Deutschland keine „Lebenslänglichen"? 25, 28 Jahre zurück – das war vor der Ersten Intifada. Da haben Palästinenser Siedler erschlagen, die ihnen das Land stahlen. Und Siedler haben Palästinenser erschlagen, um ihnen das Land zu stehlen. Die Palästinenser wurden durch Militärgerichte „lebenslänglich" ins Gefängnis geschickt. Die Siedler kamen mit zwei, drei Monaten davon, wenn ihre Morde überhaupt geahndet wurden … und ereifern sich heute, dass die Palästinenser jubeln.

Die besetzten Gebiete sind für israelische Siedler bis heute quasi rechtsfreie Zonen. „Der Rechtsstaat Israel endet an der Green Line", höre ich einen Israeli seufzen, der nicht fassen kann, was im Namen Israels hier geschieht. Das stimmt nicht so ganz. Der Supreme Court ist auch für das besetzte Land zuständig. Aber die Palästinenser unterstehen der Militärgerichtsbarkeit ihrer Besatzungsmacht, die die Siedler schützt, aber nicht zur Rechenschaft zieht. Bei Zwischenfällen benachrichtigen sie die israelische Polizei, die natürlich meist aus Siedlern besteht und bei Rechtsbrüchen der Siedler immer wieder beide Augen zudrückt. Und wenn die Übergriffe der Siedler nicht per Video festgehalten sind, haben die Rechtsbrecher bis heute eh nichts zu befürchten.

Und es sind nicht nur Mörder in den israelischen Militärgefängnissen. Eine junge Frau aus der lutherischen Gemeinde in Jerusalem war eine von den tausend Gefangenen, die im Gegenzug zu Gilad Shalit nach zehn Jahren freigelassen wurde. Sie hatte damals, der Tradition arabischer Gastfreundschaft entsprechend, einem Freund den Schlüssel ihrer Wohnung überlassen, in der dann ein ihr unbekannter Mann von der Westbank für eine Nacht geschlafen hatte. Sie konnte nicht beweisen, dass sie nicht wusste, dass er einen Sprengstoffgürtel trug …

Ich ärgere mich, dass die Freundin in Deutschland durch die Propaganda amerikanischer und deutscher christlicher Zionisten in die Irre geführt wird, die Regierung und rechte Parteien Israels bejubeln und die täglich „Informationen" ins Netz stellen, die glauben lassen, dass Palästinenser, Araber und Muslime für alles Böse verantwortlich sind … und im Übrigen keinen Hehl daraus machen, dass sie es sehr begrüßen würden, wenn alle Juden evangelikale Christen würden.

Die Täter zur Rede stellen

„Ich habe mit euch zu reden." Vor ein paar Wochen hätte ich mit diesen Worten gerne meinen Wutausbruch eingeleitet. Als ich hörte, was unseren Freunden in Palästina angetan wurde, hätte ich die Täter so zur Rede gestellt: „Ich habe mit euch zu reden".

Der christlich-palästinensischen Familie Nassar gehört ein großes Stück Land westlich von Bethlehem. Seit Generationen. Ringsherum haben sich in verschiedenen Siedlungen über fünfzigtausend Israeli angesiedelt. Da stört der palästinensische Privatbesitz auf dem Hügel mittendrin (siehe Bildteil). „Sie sind ein Sicherheitsrisiko", sagt die israelische Armee, „denn sie sind Palästinenser, und Palästinenser sind unsere Feinde." Sie haben da ihre Erfahrungen.

„Wir weigern uns, Feinde zu sein", heißt das entwaffnende Motto der Familie Nassar (siehe Bildteil). Absolut gewaltfrei und mit den Mitteln des Rechtsstaates Israel wehren sie sich gegen alle Enteignungsversuche. Und dennoch lassen die jüdischen Siedler, unterstützt von der Armee, nichts unversucht, sie von ihrem Familienbesitz zu vertreiben.

Anfang Mai wurden sie aufgefordert, auf einem Teil ihres Landes die vor einigen Jahren gepflanzten zig hundert Obstbäume zu entfernen, da es zum „Staatsland" erklärt wurde. Umgehend haben sie vor dem Militärgericht Widerspruch eingelegt, über den gerichtlich entschieden werden muss. Ohne diesen Entscheid abzuwarten, rückten eine Woche später im Morgengrauen die Bulldozer an, um im Schutz der israelischen Armee eine vor der Ernte stehende Obstbaumplantage in einen riesigen Dreckhaufen zu verwandeln.

„Ich habe mit euch zu reden", möchte ich ausrufen, „mit euch, den jüdischen Siedlern und denen in der Militärbehörde, mit euch in Israels Parlament und Regierung, die ihr diese Untaten billigt und verantwortet, und mit Ihnen, dem Botschafter Israels in Berlin."

Damit stimme ich nicht ein in die in Deutschland wohlfeile und populäre Israel-Kritik. Ich verstärke vielmehr den Protest vieler meiner jüdischen Freunde und Freundinnen in Israel und anderswo. So wie ich mich nicht scheue, gegen Unrecht in anderen Rechtsstaaten, auch in Deutschland, zu protestieren, wage ich auch dieses Unrecht an der Familie Nassar öffentlich zu kritisieren. Gerade weil mir der Staat Israel am Herzen liegt! Denn ich bin überzeugt: Der Rechtsbruch schadet Israel mehr als Palästina.

„Ich habe mit euch zu reden, spricht der Gott Israels." Mit diesen Worten eröffnet der biblische Prophet Micha seine Botschaft (Micha 1,2). *„Ich habe mit euch zu reden, mit Israel und den Völkern."* Zeigt nicht mit dem Finger aufeinander, sondern hört die Kritik in solidarischer Demut, und kehrt um von eurem bösen Tun! Manche haben das verstanden und sagen: „Wir weigern uns, Feinde zu sein."

Ich war in dieser Zeit zu einem schon lange geplanten Besuch in Deutschland, konnte also mit meinen israelischen Freunden aktuell nicht debattieren. Ich tue es virtuell, indem ich die Argumente aufgreife, die ich in den letzten Monaten von ihnen gehört habe, wenn wir ähnliche Rechtsbrüche in den besetzten Gebieten diskutiert haben.

Hana, Frau eines orthodoxen Rabbiners, wird sagen. „Das ist anti-israelische Propaganda, von Palästinensern erfunden und ihren anti-semitischen Sympathisanten verbreitet." Warum? „Weil der Talmud das Fällen von Bäumen grundsätzlich verbietet und nur ganz wenige Fälle mit engen Auflagen verbunden erlaubt." Weil nicht sein kann, was nicht sein darf? Was für eine edle jüdische Überzeugung! Ich entschlüssele ihren Kommentar als verzweifelte (vor mir als Nicht-Israeli) unter Verschluss gehaltene Wut, dass das israelische Militär nicht interessiert, was der Talmud lehrt. Vielleicht denkt sie bei Daud Nassar wie ich an Nabot, dessen Weinberg einst der brutalen Gewalt eines Ahab weichen musste, um der königlichen Petersilie Raum zu schaffen. Die Geschichte aus dem Tenach (1. Könige 21) lehrt jüdisches Gerechtigkeitsdenken, bei dem wir Christen allemal in die Schule zu gehen haben – um dann in aller Bescheidenheit Juden an ihre eigenen Traditionen zu erinnern.

Jochanan, pensionierter Offizier, wird sagen: „Palästinensischer Grundbesitz auf einem Berg inmitten von jüdischen Siedlungen, das ist ein dauerhaftes Sicherheitsrisiko. Das muss vermieden werden. Lieber Bäume als Menschen vernichten." Und wenn die Mikrofone ausgeschaltet sind, wird er sagen: „Es war ein militärischer Fehler, das Land nicht zurückzugeben und den Siedlungsbau so lange zuzulassen. Aber jetzt müssen wir irgendwie mit den Realitäten umgehen, ohne unsere Sicherheitsansprüche zu verletzen."

Reuven, der realpolitisch denkende Jurist, wird mich davon zu überzeugen suchen, dass der Rechtsstaat Israel funktioniert und die Familie Nassar Entschädigung für die gefällten Obstbäume und zerstörten Plantagen erhalten wird. Er wird der Familie Nassar raten, auf der Grundlage ihrer höchstrichterlich festgestellten Rechtsansprüche eine möglichst hohe Entschädigungssumme zu erstreiten. „Eine Enteignung wird dauerhaft nicht zu vermeiden sein. In jedem Rechtsstaat gibt es das Recht auf Enteignung nach dem Grundsatz ‚Gemeinwohl geht vor Eigennutz‘. Und dieser Grundsatz ist überall Gummi, der Unrecht legalisieren soll".

Das alles tröstet mich nicht. Am Ende stehen mir diejenigen meiner Freunde in Israel vor Augen, die trauriger sind als ich, der ich kein Israeli bin, die voller Wut und Zorn sind und die sich schämen dafür, was in ihrem Namen geschieht. Im Unterschied zu mir werden sie dauerhaft in diesem Land leben. Die Sorge um die Zukunft ihrer Kinder lässt sie für kompromissfähige Lösungen des Konfliktes streiten, die Israel Sicherheit und Palästina Freiheit und Gerechtigkeit und beiden Frieden bringt. Sie verhindern, dass mich die Erfahrungen der Familie Nassar zu einem Feind Israels machen. Und sie ermutigen mich, für die Rechte der Palästinenser zu streiten.

Kollektivstrafe – Welch eine Torheit!

Auch nach mehr als zwei Wochen gibt es keine Spur von den drei verschwundenen Israeli und auch keine Hinweise auf mögliche Täter. Die Volkswut bricht sich in Äußerungen vieler Israeli Bahn und vieler ihrer unkritischen Sympathisanten, die davon überzeugt sind, dass „die" Palästinenser die Täter sind. Angeheizt ist diese Wut durch israelische Medien, die weit entfernt sind von jeder objektiven Berichterstattung. Seit der Zweiten Intifada hat es nicht einen solchen israelischen Militäreinsatz in Palästina gegeben wie in diesen letzten Wochen. Die Regierung nutzt die Gunst der Stunde irrationaler

Emotionalisierung für einen versteckten Krieg gegen die Palästinenser. Der frühere Botschafter Israels in Deutschland Avi Primor nennt das „Kollektivstrafe" und hält es für einen großen politischen und auch militärischen Fehler. Vorgegeben wird, den Terror zu bekämpfen, in Wahrheit wird der Terror so produziert. Hunderte von Palästinensern werden seit Tagen gefangen gehalten, täglich wird die Zahl größer. Fünf Palästinenser wurden in dieser Zeit erschossen.

In israelischen Medien heißt es: „Die Nation betet für die drei Entführten". Man kann nicht in diesen Medien lesen, sehen oder hören, dass nicht nur palästinensische Christen, sondern auch viele Muslime für die drei Israeli beten – und für die vielen Palästinenser, die seitdem in israelischen Gefängnissen verschwunden sind. Wir in Nes Ammim beten natürlich für die drei israelischen Opfer und ihre Angehörigen – und genauso für die palästinensischen Opfer und ihre Angehörigen – wie unsere Freunde in Palästina und Israel.

Ich habe einen palästinensischen Freund, dessen Haus in der vorigen Woche in seiner Abwesenheit von israelischen Soldaten aufgebrochen und verwüstet wurde. Er ist weder Mitglied noch Sympathisant der Hamas. Er setzt sich seit Jahrzehnten für die Verständigung von Juden, Christen und Muslimen, von Palästinensern und Israeli ein. Er hat mir nicht nur ein Foto von seiner trotz Sicherheitsschloss aufgebrochenen Haustüre geschickt, sondern auch von seinem beschädigten PC-Bildschirm. Dient dieser Vandalismus der Sicherheit Israels? Schadet er ihr nicht viel mehr? „Wo bleiben die Menschenrechte?", fragt er, und ich füge hinzu: „Wo bleibt die Vernunft?"

„… aber wir können Menschen verändern"

Plötzlich fühlte ich mich ganz allein auf weiter Flur zusammen mit Julian. Wir waren die einzigen Deutschen in dieser Gruppe. Wir sollten zwischen absoluter Zustimmung und strikter Ablehnung unseren Platz auf der Spielfläche einnehmen. Wir Deutschen hatten in der Mitte Platz genommen, als gefragt wurde: „Seid ihr mit eurer Regierung einverstanden?". Die ungefähr zwanzig anderen stürmten ohne Zögern an den äußersten Rand des Raumes. Alle Israeli und alle Palästinenser lehnten diesen Satz strikt ab. Wieder einmal hatte ich etwas längst Gewusstes leibhaftig erfahren: Die geradezu wütende Kritik von Israeli an ihrer Regierung. Und die nicht weniger wütende Kritik der Palästinenser (aus Ostjerusalem und der Westbank) an ihren Autonomiebehörden. Und die große Distanz beider zu unserer deutschen Situation.

Wir waren in Tel Avivs Stadtteil Florentin zu Gast beim Treffen einer der zahlreichen Graswurzel-Gruppen, in der Israeli und Palästinenser zusammenarbeiten. Meist treffen sie sich in der Westbank, weil dann auch die Palästinenser teilnehmen können, die kein Permit für Israel bekommen. Aber hier verhindern oft die Palästinensischen Autoritäten das „Treffen mit dem Feind", den Bürgern Israels. Die Gruppe macht trotzdem weiter. Sie nennt sich „Jad le Jad" (Hand in Hand) – wie die arabisch-hebräischen Gemeinschaftsschulen. Sie haben meist zufällig die Bekanntschaft mit einer oder einem von der anderen Seite gemacht und erlebt, wie die persönliche Begegnung ihre Einstellung zu den anderen verändert. Im Schneeballprinzip werben sie Freunde und Freundinnen für die Gruppe. Nicht zufällig sind die Frauen dabei der Motor. „Wir können die politische Situation nicht verändern, aber wir können Menschen verändern." Gegen die Resignation und Lethargie auf beiden Seiten ermutigen sie sich, die Hoffnung auf Frieden nicht fahren zu lassen.

Und noch bei einer anderen Frage standen Julian und ich – zusammen mit einem palästinensischen Muslim – alleine, diesmal auf der äußersten einen Seite, während alle anderen fern auf der äußersten anderen Seite Platz genommen hatten. Gefragt wurde: „Ist Religion für dich wichtig?" Der Palästinenser erklärte, wie der Islam ihn Gerechtigkeit und Frieden lehrte, während auf der anderen Seite eine vielstimmige Klage laut wurde, wie sehr Religion, die eigene wie die anderer, die Friedensbemühungen behindert. Die „unbarmherzigen Religiösen" lassen dem barmherzigen Gott in diesem Lande wenig Raum (siehe Seite 61f).

In den letzten beiden Wochen sind in Palästina wie in Israel die Mandelbäume erblüht. Da kommt mir Schalom ben Chorins Gedicht in den Sinn, das wir in Deutschland gerne singen und das in diesem Lande hier eine noch deutlichere Sprache der Hoffnung spricht:

Freunde, dass der Mandelzweig
wieder blüht und treibt,
ist das nicht ein Fingerzeig,
dass die Liebe bleibt?
Dass das Leben nicht verging,
soviel Blut auch schreit,

achtet dieses nicht gering
in der trübsten Zeit!
Tausende zerstampft der Krieg,
eine Welt vergeht,
doch des Lebens Blütensieg
leicht im Winde weht.
Freunde, dass der Mandelzweig
sich in Blüten wiegt,
bleibe mir ein Fingerzeig,
wie das Leben siegt.

Der Tag wird kommen!

Der Tag wird kommen! Manchmal haben wir diese Botschaft dringend nötig. Immer dann, wenn es mal wieder Nacht um uns geworden ist. Oder die Nacht kein Ende nehmen will. Wenn die schwarzen Stunden sich häufen und unser Leben auch an hellen Sommertagen verdunkeln.

Der Tag wird kommen! *„Es wird ein einziger Tag sein – er ist dem Herrn bekannt! – es wird nicht Tag und Nacht sein, und auch um den Abend wird es licht sein."* *(Sacharja 14,7)* So sieht der Prophet Sacharja die Zukunft der Welt.

In Israel und Palästina lechzen die Menschen nach solchen Worten, die Mut machen und aufrichten und Hoffnung stiften. Aber sie winken oft auch müde ab, weil sie schon zu oft enttäuscht worden sind. Was lässt uns hoffen?

Ich erinnere mich an eine Predigt vor über fünfundzwanzig Jahren. Der Prediger erläuterte, wie mutig und offensiv die jüdischen Propheten der hoffnungslosen Situation ihrer Gegenwart zu widersprechen wagten. Er sagte: „Das ist so, als wenn einer heute (1987!) ankündigen würde, demnächst fällt die Berliner Mauer, Nelson Mandela wird Präsident der Republik Südafrika und Jassir Arafat Außenminister von Israel." Zwei dieser für unmöglich gehaltenen Wunder sind kurze Zeit später Wirklichkeit geworden. Auf das dritte – oder mindestens ein ähnliches – warten wir noch.

In Nes Ammim geben sich die Menschen, die die Hoffnung nicht fahren lassen, die Klinke in die Hand. Ich frage eine Jüdin, die seit neun Jahren jüdische und palästinensische Frauen zusammenbringt, ob spezifische Frauenerfahrungen die Bereitschaft zum Dialog fördern. „Frauen bringen vielleicht ein größeres Gespür für die Verwandtschaft alles Lebendigen mit sich", sagt sie. Und dann erzählt sie von einer sehr persönlichen Erfahrung in einer Extremsituation. Sie sagt: „Ich lag nach einer Fehlgeburt tief traurig und verzweifelt, in mein Kissen weinend, im Halbdunkel eines Krankenhauszimmers, das ich mit einer muslimischen Araberin teilte. Sie hatte Besuch von einer anderen Araberin. Plötzlich merkte ich, wie diese fremde Frau an mein Bett getreten war und meine Hand drückte. Noch heute kann ich den Druck dieser Hand, der mich tröstete und stärkte, in meiner Hand spüren. Das war keine arabische, keine muslimische, sondern eine menschliche Hand. Das ist die Basis meiner Dialogarbeit heute."

Ich frage eine andere Jüdin aus Deutschland nach ihren Erinnerungen an die Araber. Sie war in den dreißiger Jahren als kleines Mädchen an der Hand ihrer Eltern nach Palästina gekommen.

„Wir hatten immer ein ungetrübtes Verhältnis zu den ‚Fremden'", sagt sie, „zu den Engländern wie zu den Arabern. Einmal brachte der Araber, der unmittelbar neben unserem Haus einen Gemüsegarten unterhielt, einen Korb Gemüse in unsere Küche. Ich drückte als kleines Mädchen mein Erstaunen über dessen Großzügigkeit aus. Da erst erzählte mir meine Mutter, dass er das ganze Jahr seinen Garten mit dem Wasser aus unserer Wasserleitung bewässerte, ohne dass davon Aufhebens gemacht wurde.

„Ich wünsche mir", fährt die Jüdin fort, „dass das der Normalfall in unserem Land werden kann. Und ich wünsche mir, dass alle Menschen auf der Erde einander respektieren und Ehre geben. Wir sagen auf Hebräisch: ‚Wir sind Adam'; das bedeutet Mensch. Wir kommen von Adama, der Erde, und gehen dahin zurück. Nur im Miteinander können alle voneinander profitieren."

Und dann wird es hell – wie dunkel auch immer wieder die Nacht ist. Der Tag wird kommen!

8. ZWISCHEN ISRAEL UND SEINEN NACHBARN IM KRIEG

Israel ist nicht der Aggressor

November 2012. Manche in Deutschland und Europa sprechen im Blick auf den Israel-Gaza-Konflikt von „David und Goliat", David, der unschuldige Junge, der sein Volk gegen den großen Aggressor Goliat verteidigt. Aber dieser Vergleich hinkt gleich in mehrfacher Hinsicht. Israel ist hier nicht der Aggressor.

Israel verhält sich, wie sich auch die Bunderepublik Deutschland in einer solchen Situation verhalten würde. Seit Jahren beschießt die Hamas Israel fast täglich mit Raketen. Sie werden meist „abgefangen", sie gehen auf dünn besiedeltes Gebiet nieder. Darum nahm die Weltöffentlichkeit und auch die deutschen Medien nur Notiz davon, wenn mal wieder ein Gebäude zerstört wurde oder Menschen zu Schaden kamen.

Ich habe mir, seit ich vor fünfzehn Monaten nach Israel zog, manchmal vorgestellt, was geschehen würde, wenn unser niederländischer Nachbar Raketen auf Westfalenland schießen würde, hier mal eine Scheune, da mal eine Bushaltestelle treffen würde und die Abschussrampen nicht so einfach zerstört werden können, weil sie mitten in friesischen Dörfern zwischen Grundschule und Kirche installiert wären … Ob dann nicht auch Regierung und Opposition einig würden, dem ruchlosen Treiben Einhalt zu gebieten, notfalls mit Gewalt. Sie würden „Kollateralschäden" billigend in Kauf nehmen, wie das auf Neudeutsch heißt! Erst recht, wenn es keine Gesprächsmöglichkeit zwischen beiden Partnern gibt …

Na klar, die Niederländer tun das nicht. Aber wir haben die Niederlande ja auch nicht eingemauert und eine Seeblockade über sie verhängt, und sie wollen uns auch nicht von der Landkarte radieren oder ins Meer treiben. Dabei hätten sie allen Grund, böse auf uns zu sein, schließlich haben wir sie zweimal überfallen und versucht, sie uns einzuverleiben und sie zu einem Teil unseres Reiches zu machen … Und heute sind das nur noch Daten der Geschichte, die Frieden und Freundschaft nicht im Wege stehen. Ist das nur ein absurder Vergleich oder ein Vergleich zweier Absurditäten und darum auch eine Hoffnungsgeschichte?

Israels Regierung – Urheber der Eskalation der Gewalt

November 2012. Israel ist nicht der Aggressor. Aber die israelische Regierung ist nach meinem Urteil der Urheber der Eskalation der Gewalt. Die gezielte und medienwirksam ins Bild gesetzte Tötung des prominenten Militärführers der Hamas Ahmad Al-Dschabari hat die Eskalation ausgelöst. Das lässt die Emotionen auf beiden Seiten hochkochen. Hier kommen die Gefühle ins Spiel der kalten Zahlen und dürren Worte. Jetzt kommt die Volksseele auf beiden Seiten zum Zuge.

Für den Israeli von der Straße ist Al-Dschabari eine Symbolfigur des Feindes. Er hat den prominenten israelischen Soldaten Gilad Shalit (der im vorigen Jahr im Austausch gegen tausend palästinensische Häftlinge nach mehrjähriger Gefangenschaft freigelassen wurde) geradezu persönlich in Geiselhaft genommen. Ein zwanzigjähriger Soldat postet im Internet: „Respect to the Air Force!". Eine technische und strategische Meisterleistung! Punktgenau! Da lacht das testosterongefüllte Soldatenherz: „Wenn wir auch noch nicht der Raketen Herr geworden sind, wir sind aber die Herren der Lage, wir sind die Besseren, die Überlegenen, die Sieger."

Unschwer zu erraten, warum die israelische Regierung diese Entscheidung getroffen hat. Nicht nur Netanjahu, Lieberman und Barak üben den Schulterschluss, auch der Opposition bleibt mitten im Wahlkampf nichts anderes, als die Entscheidung zu begrüßen. Dem Beobachter kommt der demonstrative Besuch Sharons auf dem Jerusalemer Tempelberg im Herbst 2000 in den Sinn, der die Zweite Intifada auslöste. Manchmal hat man den Eindruck, dieses schöne Land hätte eine andere Regierung verdient.

Die Volksseele auf der anderen Seite ist gedemütigt. Das trifft den sprichwörtlichen arabischen Stolz ins Herz. Solche Demütigungen setzen bekanntlich alle rationalen Argumente ins Abseits. Jetzt regieren nur noch Emotionen die Entscheidungen und führen zu suizidalen Verhaltensweisen. Waffenstillstandsverhandlungen, die kühler Köpfe bedürfen, sind in solcher Situation geradezu unmöglich. Es müssen schon große Wunder geschehen, wenn sie erfolgreich werden sollen.

Manche regierungskritischen Israeli sagen: Das hat unsere Regierung auch gewollt. Al-Dschabari galt als einer, der für einen Strategiewechsel der Hamas eintrat, weg vom hirnlosen Raketenbeschuss hin zu unbequemen Verhandlungen, die Israel herausgefordert hätten. Wurde bewusst der liquidiert, der eigentlich nicht in das Feindbild passt und Israel zu Verhandlungen genötigt hätte? Dann wäre mal wieder eine Taube geschlachtet worden, damit die Falken auf beiden Seiten triumphieren können.

Raketen-Alarm in Nes Ammim …

August 2013. Ein Krieg ist hier nicht ausgebrochen. Die Israeli nennen das „Zwischenfall" und kehren kurz darauf zur Tagesordnung zurück. Der Zwischenfall ereignete sich um und über uns in Nes Ammim; und für alle Freiwilligen war es eine neue Erfahrung. Selbst ich hatte bisher nur im Leib meiner Mutter die Zeit bei Luftalarm im Bunker zugebracht.

Nachmittags zwischen vier und halb fünf saß ich schreibend und lesend an meinem PC, als ich über unsere Dächer laut zischend ein Jagdflugzeug meinte zu hören. Düsenjäger zischen hier öfter lauter über unsere Köpfe, als es in Deutschland erlaubt ist. Daran sind wir schon gewöhnt. Dieses aber schien noch lauter und schneller zu sein. Es folgte ein ohrenbetäubender Knall, der mich nichts Gutes ahnen ließ, dann kam eine große Stille. Als die Sirene in Nes Ammim aufheulte, fuhr ich meinen PC runter, zog mich gesittet an, schloss meinen Pavillon ab und begab mich zum nächstgelegenen Bunker, den ich verschlossen fand. Ich wollte ihn nicht aufschließen, sondern lieber mit den anderen zusammensein und ging darum zum großen Bunker unter unserem Dorfcenter. Dort fand ich die meisten Freiwilligen in einer Mischung aus Unsicherheit und Ausgelassenheit. Einer hatte nur das Handtuch um seine Hüften geschwungen, weil der Alarm ihn unter der Dusche erwischt hatte. Die Eltern mit ihren kleinen Kindern schauten besorgter drein. Erst später kapierte ich, dass meine gelassene Reaktion auf den Alarm eher als „leichtsinnig" eingestuft werden musste. Jetzt wissen wir, dass wir nur ca. fünfzehn bis vierzig Sekunden haben, um den Bunker zu erreichen, bevor uns die Rakete erreicht. Wenn das nicht möglich ist, sollte man sich dort, wo man gerade ist, auf den Boden legen und seinen Kopf schützen.

Die Israeli hatten im Bunker das Fernsehen eingeschaltet und als die Sendung für eine aktuelle Meldung unterbrochen wurde, übersetzten sie für uns. Aus dem Libanon waren Raketen nach Israel geschossen worden, von denen eine nur wenige hundert Meter von Nes Ammim entfernt von dem israelischen Abwehrsystem „Eiserne Kuppel" in der Luft unschädlich gemacht wurde.

Wenn die Abwehrrakete die angreifende Rakete trifft, pulverisiert sie diese und sich selbst in der Luft zu einem grobkörnigen Staub, der auf der Erde keinen Schaden anrichtet. Eine wunderbare Erfindung! Einige Freiwillige hatten beobachtet, wie das in unmittelbarer Nähe über uns geschehen ist und den lauten Knall verursacht hat. Schon seit gut einer Woche stand ungefähr zweihundert Meter von Nes Ammim entfernt auf den Feldern, bewacht von sechs jungen Soldaten, eine von vielen mobilen Abschussrampen, die von Haifa aus zentral gesteuert werden (siehe Bildteil). Die Soldaten wussten, dass noch vor dem Wochenende mit einem Angriff aus dem Libanon zu rechnen war. Niemand kannte natürlich den genauen Zeitpunkt. Alarm war in Nes Ammim für diese Rakete nicht ausgelöst worden, weil sie auf ein weiter entfernt liegendes Zielgebiet gerichtet war, das sie glücklicherweise nicht erreicht hat.

Der Alarm in Nes Ammim galt zwei anderen Raketen, die das Abwehrsystem leider verfehlt hat und die darum in zwei Kibbuzim, in einem nördlich und einem anderen südlich von Nahariya, explodiert sind. Wir in Nes Ammim haben also Glück gehabt. Oder „wir sind bewahrt worden"; so formulieren es unsere Freunde in Haus Beth-El im Kibbuz Shave Zion in unserer Nachbarschaft.

Beth-El ist ein Erholungsheim für Holocaust-Überlebende und deren Kinder, das von Christinnen und Christen aus Württemberg im Verein „Zedeka" mit vielen deutschen Freiwilligen betrieben wird. Schon seit Jahrzehnten währt die Freundschaft zwischen Beth-El und Nes Ammim. Deutsche Freiwillige und israelische Gäste saßen am Donnerstagnachmittag in Beth-El in der Cafeteria, als die Sirene aufheulte. Schnell waren auch die Betagten und Gebrechlichen im nahegelegenen Bunker in Sicherheit, als eine der Raketen im Hof dieses deutschen Anwesens zu Boden ging und explodierte. Kein Mensch kam zu Schaden, genauso wie in Gescher HaSiv, dem Kibbuz nördlich von Nahariya.

Fenster und Türen in der Umgebung gingen durch die Druckwelle zu Bruch. An den Spuren im Mauerwerk kann man genau sehen, welches Ziel die Rakete hatte und wie sie funktioniert (siehe Bildteil). Durch die Explosion werden ähnlich wie bei den Sprengstoffgürteln der Selbstmordattentäter tausende von Kugeln ringsherum geschossen, um möglichst viele aufrecht stehende oder gehende Menschen zu verletzen oder zu töten.

Unverkennbar eine Angriffswaffe gegen die Zivilbevölkerung. In seltener Klarheit ist hier unbezweifelbar zu erkennen, wer angreift und wer verteidigt. Natürlich bleiben solche Angriffe nicht ohne Gegenschlag. Am Freitagmorgen wurde ein Stützpunkt einer islamistischen Splittergruppe im Libanon bombardiert, von dem die Raketen auf Israel mutmaßlich abgeschossen wurden. Weder die Hisbollah noch irgendwelche syrischen Kampfverbände standen mit dem Angriff im Zusammenhang.

... und wie darüber in Deutschland berichtet wird

Soweit mein Erfahrungsbericht! Ich hänge noch ein paar Beobachtungen zur deutschen Berichterstattung an. Die Schlagzeile bei Spiegel Online über den Vorfall lautet: „Luftangriff: Israel bombardiert Palästinenser-Lager im Libanon." Man traut seinen Augen nicht! Es folgen vier Absätze über den Vergeltungsschlag (die erkennen lassen, dass es keineswegs um ein „Palästinenser-Lager" geht), an die schließlich zwei Absätze über den Raketenangriff gegen Israel angehängt sind. Viele deutsche Medien berichteten in ähnlicher Weise. Gegen die Bilder im Kopf („Israel ist der Aggressor") kommen die Fakten kaum an.

Die Berichterstattung erinnert mich an den Leitartikel in der „PalästinaIsraelZeitung", die herausgegeben wird von der AG „Völkerrecht und Menschenrechte in Palästina und Israel" zum Gaza-Konflikt im letzten November. Der Autor aus Niederdollendorf entschuldigt die Raketenangriffe als Dumme-Jungen-Streiche: „Ja, die Gaza-Palästinenser sind verrückt, schießen ihre selten treffenden Raketen ab, während Israels Hochtechnologie unentwegt mordet und zerstört."

So dummdreist kann die Niederdollendorfer Perspektive Ursache und Wirkung verkehren! Wenn er dann mit dem Neuen Testament das Alte abwertet, in dem angeblich „Unmenschlichkeit propagiert" wird, weiß ich, wes Geistes Kind der Schreiber ist …

Ich gestehe, dass ich wie die meisten Freiwilligen hier das Bedürfnis hatte, in den letzten beiden Tagen den „Jungs im Feld" vor den Toren Nes Ammims zu danken, dass sie Israels Hochtechnologie in Staub und Hitze Tag und Nacht bewachen, die uns zusammen mit Israeli und Palästinensern in diesem bedrohten Land beschützt.

Dass Israels Soldaten auch anderes tun, was mir nicht gefällt, steht dann (auch in diesem Buch) auf einem anderen Blatt …

Gegen-Erfahrungen zum Krieg

Juli 2014. Wir hier im Norden Israels merken so viel vom Gaza-Krieg wie die Amerikaner in Amerika vom Zweiten Weltkrieg: Außer den Medienberichten kommen die Särge mit den gefallenen Soldaten und Soldatinnen nach Hause. Auch in unsere Nachbarschaft nach Naharija und Evron.

Natürlich sind die Herzen schwer. Denn in Gedanken und Gebeten sind wir bei den Menschen im und um den Gazastreifen, in Syrien und im Irak, bei den assyrischen Christen in Mossul und im Norden des Irak. Schon das ist anders als in deutschen Medien: Unser Blick ist nicht beschränkt auf den Krieg in Gaza. In der ganzen Region ist der Teufel los.

Aus dem Norden Israels kann ich nur Kontrastbilder liefern zu denen, die Sie in den Medien aus Israel zu sehen bekommen. Während der letzten drei Wochen hat hier das jährliche bilinguale arabisch-hebräische Sommerlager stattgefunden für Kinder im Grundschulalter (siehe Bildteil). Jüdische Jugendliche und junge Erwachsene, die ihren Militärdienst noch vor sich oder schon hinter sich haben, betreuten zusammen mit palästinensischen Gleichaltrigen die über fünfzig Kinder. Angesichts der Schlagzeilen jeden Tag ein anrührendes Bild friedlicher Koexistenz im Schatten unserer Bäume! Zum Abschluss waren die jüdischen und palästinensischen Familien eingeladen, vor denen die Kinder Beispiele aus ihrer jeweiligen Musik- und Tanzkultur und die Eltern die Spezialitäten aus ihren Küchen zum Wohlgefallen der anderen präsentierten. Wenn diese Kinder und Jugendlichen einmal Verantwortung übernehmen werden, kann die Region anders aussehen.

Letzte Woche hat der Galiläische Zirkus, von dem ich früher schon erzählt habe (siehe Seite 75), auf seiner Tournee auch in Nes Ammim gastiert. Die wirklich zirkusreifen Leistungen zeugten von einem intensiven gemeinsamen monatelangem Training, das Palästinenser mit Juden in Israel verbindet. Diesmal waren auch Kinder und Jugendliche eines amerikanischen Zirkus beteiligt, in dem die verschiedenen amerikanischen Kulturen miteinander vereint sind (siehe Bildteil).

In unserer Küche arbeiten zwei Köche, ein Jude und ein palästinensischer Muslim. Der jüdische Koch ist in diesen Tagen mit seinen Gedanken mehr als einmal im Gazastreifen, weil seine zwanzigjährige Tochter dort als Soldatin Dienst tut. Alle in unserem Dorf fühlen mit. Der palästinensische Koch hat einen kleinen Fernseher mitgebracht für den Raum hinter der Küche, wo sie zwischendurch einen Kaffee trinken. Jetzt gucken die beiden die Nachrichten des arabischen Fernsehsenders Al Jaseera und der Palästinenser übersetzt die Nachrichten aus Gaza seinem jüdischen Kollegen. „Israel ist auch mein Land", sagt der Palästinenser, „ich möchte, dass niemand in Gaza getötet wird, kein Palästinenser und kein Israeli, und alle so friedlich miteinander leben wie wir hier in unserer Küche."

Ein junger Palästinenser, der in Deutschland studiert und in den Semesterferien in unserem Hotel arbeitet, schickte mir ein Foto mit dem Titel „Der 16. Tag im Krieg". Es zeigt im palästinensischen Supermarkt unseres Nachbardorfes einen orthodoxen Juden vor der palästinensischen Kassiererin. Vor dem Supermarkt hängt ein Plakat in Hebräisch: „Wir danken Ihnen, dass Sie trotzdem bei uns kaufen". Der Appell nationalistischer Juden um Avigdor Lieberman zum Kaufboykott palästinensischer Geschäfte fruchtete offensichtlich hier im Norden nicht. Am nächsten Tag berichtet der palästinensische Student bewegt, was er am Tag zuvor auf seinem Heimweg erlebt hat. Am Eingang zu seinem palästinensischen Dorf haben Juden demonstriert. Auf ihrem Plakat stand: „Nachbarn im Frieden – nicht nur ein Traum".

Der Gaza-Krieg ist kein Krieg gegen das palästinensische Volk

Juli 2014. Der Gaza-Krieg ist kein Krieg gegen das palästinensische Volk, sondern gegen Terrorbanden, unter denen die Hamas die größte ist, deren erklärtes Ziel es ist, möglichst viele Juden auf der ganzen Welt zu töten und den Staat Israel von der Landkarte zu radieren und dazu auch die eigene Bevölkerung rücksichtslos missbraucht. Die militärische Auseinandersetzung ist in jeder Weise asymmetrisch.

Zur Asymmetrie fällt einem als erstes die technologische und militärische Überlegenheit Israels ein („David und Goliat"). Und in einem häufigen logischen Kurzschluss wird in deutschen Medien der Unterlegene zum moralisch Besseren, wenn nicht Guten. Man wende das einmal auf den Zweiten Weltkrieg an!

Eine deutsche Tageszeitung titelte im Blick auf die jeweiligen moralischen Maxime treffend: „Der entfesselte Zwerg und der gefesselte Riese". Denn asymmetrisch sind die Ziele der Militäroperationen: Israel will Raketenstellungen vernichten, die Hamas Menschen – wahllos Soldaten und Zivilisten, Juden und in Israel lebende Palästinenser. Der in Israel umhergehende Spruch hat schon seine Richtigkeit: „Wir benutzen Raketen, um unsere Kinder zu schützen, sie benutzen ihre Kinder, um Raketen zu schützen."

Dass die Raketen relativ wenig Schaden anrichten, ist in der Abwehrtechnologie („Eiserne Kuppel") begründet, in die Israel in den letzten Jahren erheblich investiert hat. Dass die Raketen nicht zielgenau sind, macht sie nicht ungefährlich. Das ist weniger ihr Mangel, als ihre Absicht. Sie sollen eben nicht punktgenau Bedrohungspotential zerstören, sondern da, wo sie gerade landen, eine größtmögliche Zahl von Zivilpersonen verletzen und töten. Ihre Wirkung ist die gleiche wie die der Sprengstoffgürtel (siehe Seite 110). Wer sie als bessere Feuerwerkskörper bagatellisiert, weiß nicht, wovon er spricht.

Hochinteressant ist es, wie mit Zahlen von Opfern jongliert wird. Natürlich ist jeder Tote zu viel. Da heißt es: „Seit Beginn der Kämpfe hat es zahlreiche Opfer gegeben, man spricht von 100 Opfern. In der gleichen Sendung wird wenig später berichtet, dass die sogenannten IS-Rebellen im gleichen Zeitraum 1500 Menschen getötet haben. Das eine ruft Protest und Demonstration auf den Plan, das andere ist schnell vergessen. Das zeigt: Interessant für die deutsche Öffentlichkeit sind nicht die Opfer, sondern die Täter. Und die Täter sind nur interessant, wenn sie aus Israel kommen. Wenn es ins Feindbild passt: Israel ist an allem schuld. Und wie von selbst wird für alle palästinensischen Opfer nur Israel verantwortlich gemacht.

Es kommt mir vor, als ob Menschen, die mit voller Wucht einen Ball vor die Wand treten sich dann beschweren, dass der zurückprallende Ball die Köpfe ihrer Kinder trifft. Die Wand zum Einsturz zu bringen, haben sie nicht vermocht, aber sie klagen die Wand an, dass sie ihre Kinder verletzt hat. Ich weiß, Israel ist nicht nur eine Prellwand, und darum ist der Vergleich schief. Aber vielleicht hilft das schiefe Bild die Einsicht zu befördern, dass die Opferzahlen auf palästinensischer Seite nicht nur auf Israels Konto gehen.

Und dann schwingt unausgesprochen auch immer der Gedanke mit: Diejenigen, die weniger Opfer aufzuweisen haben, sind die Bösen, die mehr Opfer aufzuweisen haben, sind die Guten … Mit bewegenden Bildern von verzweifelten Müttern mit ihren Kindern auf dem Arm werden Zuschauer und Leserinnen emotional ausgebeutet und für die eigene politische Parteinahme vereinnahmt. In den letzten Monaten des Zweiten Weltkrieges gab es viele deutsche Mütter mit ihren weinenden Kindern auf dem Arm – in zerbombten Städten und auf der Flucht, und doch waren nicht (nur) die Alliierten, die bombten und vertrieben, an ihrem Schicksal schuld.

Alternativen zum Gaza-Krieg?

Juli 2014. Am Freitag Abend im Synagogen-Gottesdienst zum Kabbalat Schabbat haben wir für den Frieden gebetet. In der Predigt hieß es: „Wir trauern um unsere Kinder, aber wir freuen uns nicht über das Unglück unserer Feinde … wir fühlen mit den Schmerz des palästinensischen Volkes, aber wir müssen einfach weiter unser Land Israel und seine Bewohner verteidigen."

Und für die meisten Israeli bedeutet, das Land Israel und seine Bewohner zu verteidigen, kein Ja zu diesem Gaza-Krieg. Die meisten fürchten, dass er auch militärisch nicht zu gewinnen ist. Man kann nicht ein Land, so groß wie Bremen, aber viel dichter besiedelt, einfach umgraben. Selbst wenn jeder Tunnel und jede Rakete zerstört wäre, der Krieg führt zu keinem politischen Erfolg. Im Gegenteil! Nur, ihn zu beenden ist ungemein schwieriger. Die meisten Israeli seufzen, weil sich das Drama alle paar Jahre wiederholt – mit immer zu vielen Opfern auf beiden Seiten und immer ohne Erfolg. Mit jedem Krieg rückt der Frieden in weitere Ferne.

Meine jüdischen Freunde kritisieren ihre Regierung darin, dass sie vor wenigen Monaten die palästinensische Einheitsregierung in Ramalla torpediert hat und den Zusammenschluss von Fatah und Hamas (den sie paradoxerweise jahrelang als Vorbedingung für Friedensverhandlungen gefordert hat) zum Vorwand genommen hat, die Friedensgespräche abzubrechen.

Heute ist bekannt, dass die israelische Regierung schon in der Nacht, in der die drei Teenager entführt wurden, wusste, dass sie ermordet worden sind. Bis zur Auffindung der Leichen wurde darüber eine Nachrichtensperre verhängt, damit die Armee unter dem Vorwand, die Ermittlungen nicht zu behindern, die Möglichkeit hatte, hunderte von Häusern zu verwüsten und Palästinenser zu verhaften. Es hieß, man wolle die Strukturen der Hamas zerstören. Ich habe zwei davon als überzeugte gewaltfreie Friedensaktivisten kennengelernt. Keine Hamas-Sympathisanten. Und am Ende musste auch die israelische Polizei zugeben, dass die überführten Täter auf eigene Rechnung und nicht im Auftrag der Hamas die drei ermordet haben.

Die Hamas besiegt man nicht militärisch, sondern dadurch, dass man sie spaltet, sagen kluge Israeli, indem man die, die auf Verhandlung und Gespräch setzen, stark macht, auch wenn sie den Staat Israel (noch) nicht anerkennen. Auch die Fatah hat erst spät (1988) Israel anerkannt. Statt militärischer Konfrontation heißt das politische Konzept „Wandel durch Annäherung". Israel kann dazu beitragen, dass eine palästinensische Regierung mehrheitsfähig im eigenen Land wird, die auf Verhandlungen setzt. Denn am Ende muss eine palästinensische Mehrheit gewonnen werden, die notwendigen Kompromisse zu akzeptieren (Verzicht auf Rückkehrrecht, Entmilitarisierung usw.). Und umgekehrt muss in Israel eine Mehrheit dafür gewonnen werden, die notwendigen Kompromisse zu akzeptieren (Räumung von Siedlungen, internationaler Jerusalem-Status usw.).

Solche politischen Perspektiven unserer jüdischen Freunde sind nicht weit von denen entfernt, die unsere palästinensischen Freunde teilen. Sowohl Bischof Younan von der lutherischen Kirche wie das Bethlehem Bible College der Baptisten distanzieren sich vom Raketenterror der Hamas und treten entschieden für gewaltfreie Aktionen ein auf dem Weg zur Beendigung der Besatzung. Ihre Gebete kann ich mir zu eigen machen, weil sie nicht gegen Israel beten.

Christliche Zionisten und evangelikale Christen verbreiten hingegen im Internet das geradezu gotteslästerliche Gebet „Lieber Gott, beschütze die Soldaten der IDF" Punkt. Kein und … Gott als Kriegsherr der einen gegen die andere Seite? „Gott mit uns gegen Frankreich"? Als ob seit dem 1. August vor einhundert Jahren nichts dazu gelernt worden sei …

Wir hoffen, dass unsere Gebete erhört werden und „über Bitten und Verstehen" Gerechtigkeit und Frieden auch an diesem schönen Platz dieser Erde wird.

Kommt nach Israel und Palästina!

August 2014. Freiwillige aus Nes Ammim, die in den letzten Wochen das Land verlassen haben, stoßen zu Hause auf Reaktionen, die sie nur mit dem Kopf schütteln lassen. Eine Freiwillige, die nach einem Jahr schmerzlich Abschied nahm, weil sie liebend gerne länger geblieben wäre, wenn sie gekonnt hätte, mailte nach einigen Tagen in Deutschland: Dümmste Begrüßung in dieser Woche: „Du warst in Israel? Da bist du ja sicher froh, dass du jetzt abhauen konntest."

Wer immer jetzt ins Land kommt, kann einfach nicht verstehen, warum erwachsene, intelligente Menschen ihre geplante Israel-Palästina-Reise abgesagt haben. Angst ist etwas Irrationales, das nur durch korrigierende Erfahrungen überwunden werden kann. Andererseits beruhen diese Ängste auf falschen oder irreführenden Informationen, die durch Menschen mit mehr Realitätserfahrung, weil sie z.B. im Land leben, verändert werden könnten. Und es gibt solche vertrauenswürdigen Informanten. Wer keine Freunde hier hat, dem stehen alle Informationen der Deutschen Botschaft in Tel Aviv offen. Welche Institution wäre für deutsche Staatsbürger unbestechlicher! Niemals ließe die Vertretung unseres Staates Deutsche ins Verderben reisen. Es gibt einige Länder, in die einzureisen, die zuständige Deutsche Botschaft warnt. In Israel rät sie seit Jahren lediglich davon ab, in den Gazastreifen zu reisen. Und seit der Verschärfung des Konfliktes sollte man keine unnötigen Reisen durch die 40-Kilometer-Zone um den Gazastreifen nehmen. 90 Prozent Israels und 100 Prozent der Westbank gehören nicht zum gefährdeten Bereich. Praktisch keine übliche Israel-Palästina-Reise ist davon betroffen.

Es ist gefährlicher, zwei Wochen mit dem Auto quer durch Europa zu reisen, als nach Israel zu fliegen und durch Israel und die Westbank zu fahren. Wieso trauen sich die Menschen, auf dem Kölner Hauptbahnhof umzusteigen, aber nicht nach Israel und Palästina zu fahren? Das Risiko, Opfer eines Terroranschlages zu werden, ist in allen europäischen Ländern nicht geringer als in Israel und Palästina, eher größer.

Nun, solange diese Menschen nur für sich entscheiden, kann ich sie lediglich bedauern. Zornig machen sie mich, wenn sie über andere, für die sie sich verantwortlich fühlen, entscheiden: Väter und Mütter von noch nicht volljährigen Jugendlichen, Schulleiterinnen und Schulleiter und Universitätsrektoren, die in ihrer Rolle als Übervater oder Große Mutter ihre Herrschaftsbedürfnisse als „Fürsorge" legitimieren und kurzerhand Israel-Palästina-Reisen verbieten. Einmal mehr drücke ich den Eltern der Jugendlichen im Streichorchester der Musikschule Sankt Augustin meinen Respekt aus, die in der ersten Phase des Gaza-Konfliktes ihre Kinder wie Erwachsene behandelt und – sicher schweren Herzens – freigegeben und ihnen wichtige Lebenserfahrungen ermöglicht haben. Das für den nächsten Jahreswechsel geplante Projekt, Beethovens Neunte Symphonie mit einem Jugendsymphonieorchester aus Deutschland zusammen mit israelischen Chören aufzuführen, ist jetzt daran gescheitert, dass die Eltern, die die Macht dazu hatten, weil ihre Kinder noch nicht volljährig sind, deren Teilnahme an dem Projekt verboten und damit die Spielfähigkeit des Orchesters unmöglich gemacht haben. Die Rechtsgrundlage dazu nennt der Gesetzgeber „elterliche Gewalt". Die Rechtssprache hat diesen altdeutschen Begriff bewahrt. In diesem Kontext verstehen alle die Konnotationen, die er heute freisetzt. Und im beschriebenen Fall sind nicht nur die eigenen Kinder die Leidtragenden.

Ich habe auch aus meiner Erfahrung als Pfarrer und Lehrer Eltern vor Augen, die ihre Kinder nicht schrittweise in die Freiheit begleitet haben, sondern bis zu deren 18. Geburtstag demonstriert haben, wer der „Herr im Hause" ist. Ich höre aber auch von Schulleitungen, die nicht autoritär über die Köpfe von Kollegen, Jugendlichen und Eltern entschieden haben, sondern bei Fachleuten kollegiale Beratung suchen. An einigen deutschen Universitäten wurden durch das Rektorat „wegen der Fürsorgepflicht" Lehrkurse, wissenschaftliche Projekte und Studienfahrten in Israel und Palästina verboten. Das führte nicht zur Absage der Veranstaltungen, sondern hatte lediglich zur

Folge, dass die öffentlichen Zuschüsse gestrichen wurden, so dass die Studierenden erheblich höhere Kosten hatten. Wenn sie jetzt durch Israel so wie durch den Schwarzwald reisen, denken sie mit Recht im Zorn an ihre Universitätsleitung. Vor 50 Jahren nannten wir solche Professoren „Fachidioten", Menschen, die in ihrem Spezialgebiet möglicherweise hoch qualifiziert, aber den Realitäten gelebten Lebens seit Jahren enthoben sind, und darum in der Universitätsleitung viel Unheil anrichten.

Soll man jetzt Reisen für das nächste Jahr planen? Ja, natürlich. Niemand weiß, wie die Situation hier in einigen Monaten oder im nächsten Jahr sein wird. Sollte es gefährlich werden, kann eine Reise immer noch abgesagt werden. Wer würde seine für das nächste Frühjahr nach Capri geplante Reise jetzt vorsorglich absagen, weil dort im März der Vesuv ausbrechen könnte? Warum nach Spanien fahren, wo doch der Konflikt im Baskenland immer noch schwelt?

Außerdem gibt es natürlich noch die sogenannten „politischen" Absagen. Wer diese Auffassung vertritt, erliegt der irrigen, naiven Anschauung, mit einer Reise nach Israel und Palästina hofiere man die jeweiligen Machthaber. Diese Einstellung hat es immer schon gegeben, und der Konflikt leitet Wasser auf ihre Mühlen – auf beiden Seiten. Die Israel-Fans glauben, ein Boykott von Palästinareisen treffe Hamas und Fatah. Die Palästina-Lobby ruft zum Boykott von Reisen nach Israel auf, als ob sie Netanjahu, Bennet oder Lieberman ihre Aufwartung machen würden. In Wahrheit trifft jeder Reiseboykott gerade die Menschen auf beiden Seiten, die besonders den Kontakt und das Gespräch mit Ausländern brauchen, die sie stärken in ihrer jeweils schwierigen Situation. Darum kommen Sie gerade jetzt nach Israel und Palästina! Und werben Sie gegen diesen Irrationalismus.

9. ZWISCHEN DEN „FREUNDEN ISRAELS" UND DEN „FREUNDEN PALÄSTINAS"

„Falsche Freunde"

Wenn Menschen heute das Wort „Israel" hören, haben sie sofort auch „Palästina" auf den Lippen. Und mit dem zweiten Satz scheint klar, wer hier gut und wer böse ist. Wann immer ich bei meinen Besuchen in Deutschland von meinen Erfahrungen in Israel und Palästina erzähle, treffe ich auf Menschen, die mit einer erschreckenden Militanz oft mehr gegen die eine Seite als für die andere kämpfen. Für manche ist der Staat „Israel" geradezu zum Feindbild geworden, das sie zu blindwütigem Eifer für Palästina antreibt. Und umgekehrt sind manche Israelsympathisanten mehr Gegner der arabischen oder muslimischen Welt als Freunde Israels.

Vor ein paar Wochen haben wir uns von einem Palästinenser aus unserer Nachbarschaft die Ruinen seines Heimatdorfes zeigen lassen, in dem bis 1948 seine Eltern und Großeltern gelebt haben. Inmitten der Plantagen eines Kibbuz finden wir die überwachsenen Trümmer von Wohnhäusern und einen verwahrlosten muslimischen Friedhof (siehe Bildteil). Überaus stark sprudelnde Quellen garantieren reiche Ernten an Getreide, Obst und Oliven. Früher gehörten sie der Familie des Palästinensers, heute fährt der Kibbuz die Ernten ein. Hörbar bewegt erzählt er uns die Geschichte, die er zigmal aus dem Mund seiner Eltern und Großeltern gehört hat.

Eines Tages standen die Lastwagen der jüdischen Kampfverbände mitten im Dorf. Männer, Frauen und Kinder wurden darauf verladen, um über die nahe gelegene Grenze zum Libanon abgeschoben zu werden und dort für Jahrzehnte bis heute in Flüchtlingslagern zu leben. Da geschah das Wunder: seine Eltern und Großeltern durften mit einigen anderen wieder absteigen. Jüdische Freunde aus der Nachbarstadt hatten sich für sie eingesetzt. Seine Familie fand in einem der anderen arabischen Dörfer Zuflucht. Denn ihr eigenes Dorf wurde nach der Vertreibung gänzlich zerstört.

Solche und ähnliche Ereignisse im Zusammenhang der Staatsgründung Israels nennen die Palästinenser heute „Nakba", das arabische Wort für „Katastrophe". Eine Ausstellung hat diese Geschichte aus palästinensischer Sicht dokumentiert. Sie ist in den letzten Jahren durch Deutschland getourt und hat die Gesellschaft dort polarisiert in Freunde Israels und Freunde Palästinas. Während die Freunde Israels sie leidenschaftlich bekämpfen, streiten die Freunde Palästinas nicht weniger leidenschaftlich dafür, dass sie gezeigt werden darf.

Ich habe sie in Hamburg gesehen. Sie zeigt Dokumente, die jüdische Geschichtsforscher in Israel vor über zwanzig Jahren veröffentlicht haben und die seitdem in Israel, dem einzigen demokratischen Rechtsstaat im Nahen Osten, öffentlich diskutiert werden. Warum dann dieser leidenschaftliche Protest gegen die Ausstellung?

Unser palästinensischer Freund hat uns anders an die „Nakba" herangeführt, als es die deutsche Ausstellung tut. Er isoliert nicht die Leidensgeschichte seiner Familie. Er erzählt uns auch die Gründe, die zu der Zerstörung seines Heimatdorfes geführt haben.

Eine viertel Stunde entfernt liegt ein Mahnmal für siebenundvierzig jüdische Opfer (siehe Bildteil). Die sind dort damals bei dem Versuch, mit einem Konvoi einen eingeschlossenen Kibbuz zu versorgen, von arabischen Kämpfern aufgerieben und massakriert worden. Die Zerstörung des arabischen Dorfes und die Vertreibung ihrer Bewohner war eine Strafaktion der anderen Seite. Unschuldige mussten wie so oft im Krieg den Preis für die Untaten anderer zahlen.

Diese Zusammenhänge zu kennen, mindert weder das Leiden der Opfer noch die Schuld der Täter. Aber es wird beiden besser gerecht, als es die deutsche Ausstellung tut, die solche Zusammenhänge ausblendet. In der Ausstellung finden sich keine Unwahrheiten. Aber sie präsentiert die Fakten, ohne die Zusammenhänge aufzuzeigen. Und das ist nur die halbe Wahrheit. Darum halte ich diese Ausstellung für schädlich, nicht nur für Israel, sondern auch für Palästina. Gut gemeint ist auch hier das Gegenteil von gut.

In unserer Nachbarschaft gibt es die Ruinen mehrerer zerstörter arabischer Dörfer aber auch viele arabische Dörfer, in denen kein Haus zerstört und kein Mensch vertrieben wurde. „Wir hier in Mazra'a haben die jüdischen Siedlungen nicht beschossen", sagt uns ein alter Mann, „darum ist unser Dorf nicht zerstört worden." Die Realität ist komplizierter als sie die Schwarz-Weiß-Sicht der Ausstellung präsentiert.

Die zionistischen Mythen, nach denen Israel das Opfer und die Araber die Täter waren, sind in Israel längst zerstört. Aber wer nun umgekehrt allein Israel auf die Anklagebank setzt und allein den Palästinensern den Opferstatus zubilligt, begeht den gleichen Fehler und wird in Israel von niemandem ernst genommen. Der stabilisiert die Fronten, statt sie aufzuweichen. Der verschließt die Augen und Ohren derer, die die Macht haben, die Besatzung zu beenden und den Palästinensern die ihnen zustehenden Rechte zukommen zu lassen. Solche Freunde Palästinas halte ich darum für „falsche Freunde". Denn gut gemeint ist das Gegenteil von gut.

„Und was halten Sie von den Siedlern in der Westbank?" fragten die deutschen Freiwilligen nach ihrer Rückkehr aus der Westbank den pensionierten hohen Offizier der israelischen Armee, der für sie jeden Monat in unser Dorf Nes Ammim zu einem Vortrag kommt. „Für die Siedler kenne ich nur einen geeigneten Ort", antwortete er freimütig, „nämlich ein sicheres Gefängnis." Vielleicht ist seine Antwort überspitzt. Aber tendenziell denken viele Israeli so wie er. Erstaunlich: Gerade die zionistischen Pioniere und ihre Nachfahren halten die Siedlerbewegung für eine nationale Katastrophe. Sie sehen, dass die Errichtung von jüdischen Siedlungen in den palästinensischen Gebieten nicht nur Unrecht ist, nicht nur dem palästinensischen Volk schadet, sondern auch dem Volk und dem Staat Israel. Die Siedler vor allem verhindern ein Abkommen, das den Palästinensern Freiheit, Israel Sicherheit – und beiden Frieden bringen könnte.

Umso erstaunter bin ich, wenn ich in Deutschland auf Menschen stoße, die jede Kritik an Entscheidungen von Parlament oder Regierung in Jerusalem abwehren. Da wird z. B. jemand ausgebuht, der das Gesetz kritisiert, das Organisationen bestraft, die Gedenkfeiern zur „Nakba" abhalten oder unterstützen. Ich hörte, dass in Israel diejenigen, die seit Jahren „Nakba"-Gedenkfeiern organisieren, das auch in diesem Jahr getan haben, indem sie einfach zu einer – nicht verbotenen – Diskussion dieses Gesetzes eingeladen haben. So kreativ-kritisch gehen patriotische Israeli in einem demokratischen Rechtsstaat mit den Entscheidungen ihres Parlamentes um.

Wie töricht erscheinen mir demgegenüber die selbst ernannten Freunde Israels in Deutschland, die jede Kritik an Israels Politik zum Tabu erklären. Als ob jede Kritik gleich Ausdruck von Antisemitismus sei! Die einen begründen diese Tabuisierung historisch. Als Nichtjuden und besonders als Deutschen stünde uns diese Kritik nicht zu. Die anderen begründen das Tabu religiös. Als das von Gott erwählte Volk habe Israel das Recht, den Palästinensern das „Gelobte Land" wegzunehmen.

Sind das „Freunde Israels"? Kritik unter Freunden darf, ja muss sein. Und sie darf auch in Deutsch geäußert werden. Und wenn deutlich wird, dass durch diese Kritik die Solidarität mit Israel nicht aufgekündigt, sondern bewährt wird, findet sie auch in Israel offene Ohren.

Vor einigen Jahren haben die palästinensischen Christen einen bemerkenswerten Aufruf formuliert unter der Überschrift „Die Stunde der Wahrheit. Ein Wort des Glaubens, der Hoffnung und der Liebe". Er ist an die Menschen in Palästina ebenso gerichtet wie an die Christenheit der ganzen Welt. Sie sagen darin ein klares Nein zur Gewalt und suchen zugleich nach gewaltfreien Mitteln im Kampf gegen die Besatzung ihres Landes. Zu den gewaltfreien Aktionen gehört auch der Handelsboykott, der sich in anderen Konfliktfeldern dieser Erde schon bewährt hat. Gedacht war an den Boykott von Waren, die aus den illegalen jüdischen Siedlungen in den besetzten Gebieten stammen.

Freilich waren diese Waren bisher nicht zu unterscheiden von Waren aus Israel. Denn sie trugen die irreführende Aufschrift „Made in Israel". Wenn der Boykott wirkungsvoll sein soll, müssen zunächst die Staaten der Europäischen Gemeinschaft die Wiederverkäufer zwingen, die Herkunft der Waren unmissverständlich zu deklarieren. Der Prozess wurde in Gang gesetzt und hat im Sommer 2013 in Brüssel endlich zum Erfolg geführt.

Die „Freunde" Palästinas wollten diesen langwierigen, aber erfolgversprechenden Prozess nicht abwarten. Sie haben kurzerhand zum Boykott Israels generell aufgerufen. Damit haben sie sich gerade als falsche Freunde Palästinas erwiesen. Ein so pauschaler Boykottaufruf schadet dem nun möglichen differenzierten. Er hat Augen und Ohren derer verschlossen, die gewonnen werden sollen. Hatten sie nicht damit gerechnet, dass die Erinnerungen an die Aktion der Nazis am 1. April 1933 „Deutsche, kauft nicht bei Juden!" mit einem Aufruf zum Boykott Israels sofort hellwach sind? Ein gut gemeintes Engagement für die Palästinenser erweist sich am Ende zu ihrem Schaden. Der undifferenzierte Aufruf zum Israel-Boykott ist schlicht kontraproduktiv.

Kontraproduktiv sind auch die vielen irreführenden Vergleiche der Freunde Palästinas. Die Mauer um Jerusalem ist nicht „die Berliner Mauer". Die neckischen Karikaturen, die Josef mit der hochschwangeren Maria oder die Heiligen drei Könige so darstellen, als könnten sie nicht nach Bethlehem kommen, zielen ins Leere. Jeder kann unkontrolliert nach Bethlehem kommen. Es verhält sich gerade umgekehrt: Nur die dort wohnenden Palästinenser können nicht nach Jerusalem und Israel. Das ist Unrecht. Aber wer dagegen argumentiert, muss wenigstens die Fakten kennen. Wenn die Freunde Palästinas bei der Wahrheit blieben, wäre ihr Kampf für die Menschenrechte glaubwürdiger.

Die Freunde Israels rechtfertigen die Mauer um Jerusalem und den Zaun, der die besetzten Gebiete von Israel ausschließt, als Instrumente, die vor Terror schützen. Deshalb sind Mauer und Zaun vor über zehn Jahren errichtet worden, und deshalb sind sie in der israelischen Gesellschaft auch weitgehend akzeptiert. Aber Mauer und Zaun sind auch Instrumente der Annektierung und der widerrechtlichen Enteignung (siehe Bildteil). Es stünde den Freunden Israels gut an, das nicht zu verschweigen, sondern mitzuhelfen, Mauer und Zaun zu beseitigen.

Israel ist auch kein „Apartheidstaat". Wer das behauptet verharmlost die Apartheid und beleidigt deren Opfer. Da ist die Situation in manchen europäischen Staaten eher als „Apartheid" zu beschreiben, in denen die ethnischen Minderheiten weniger integriert sind als in Israel. Und wer Israel mit Südafrika vergleicht, ignoriert, dass Südafrika niemals von all seinen Nachbarn so bedroht war, dass diese es von der Landkarte radieren und seine Bewohner ins Meer treiben wollten. Israel ist seit seinem Bestehen bis heute ein bedrohtes Land. Hautnah wurde mir das bewusst, als ich am Tag meiner Ankunft in Nes Ammim neben zahlreichen Instruktionen auch einen Schlüssel ausgehändigt bekam, den ich immer bei mir tragen soll. Der Schüssel passt zu den Türen der fünf Bunker in unserem Dorf. 2006 haben die Freiwilligen fünf Wochen in diesen Bunkern verbracht. Da wusste ich von einer zur anderen Minute, dass ich nicht mehr im wohl behüteten Köln lebe.

Wer den Nahost-Konflikt auf einen palästinensisch-israelischen Konflikt reduziert, reduziert die Wahrheit und wird den Fakten nicht gerecht. Wer ein Freund Palästinas sein will, hat den Fakten zu entsprechen und bei der Wahrheit zu bleiben. Sonst wird er zum falschen Freund.

Ein Prominenter unter den „Freunden Palästinas"

Ein Prominenter unter den „Freunden Palästinas" ist in meinen Augen Mark Braverman, der 2010 in Amerika und 2012 in Deutschland ein Buch veröffentlicht hat, das inzwischen zu so etwas wie der „Bibel" der Palästina-Lobby avanciert ist. Mit seiner undifferenzierten Israelkritik wirft er uns Christen vor, unsere Freundschaft mit Israel („verhängnisvolle Umarmung" – so der Originaltitel) hindere uns an der notwendigen politischen Parteinahme für Palästina.

Einerseits vermitteln seine leidenschaftlichen Plädoyers für Gerechtigkeit den Eindruck, hier erkläre wieder ein Amerikaner vor der Mauer seine Solidarität mit den Unterdrückten; diesmal ruft ein amerikanischer Jude in Palästina: „Ich bin ein Palästinenser." Das ist mehr als ehrenwert. Aber schon, dass er den Nahostkonflikt auf einen israelisch-palästinensischen Konflikt reduziert, lässt ein falsches Bild entstehen. Auch er bemüht den Vergleich mit dem Apartheidstaat Südafrika (siehe Seite 125), auch er spricht von „ethnischen Säuberungen" während der „Nakba", ohne zugleich zuzugeben, dass es dasselbe auch auf der anderen Seite dieses Krieges gegeben hat (siehe Seite 122).

Theologisch argumentiert er mit Recht gegen den christlichen Zionismus, den er aus Amerika kennt. In diese Schublade packt er nun pauschal alle Christen, die sich von der „Enterbungstheologie" („replacement theology") getrennt und mithin gelernt haben, dass die Kirche nicht an die Stelle Israels getreten, sondern Israel bleibend erwählt ist. Dabei zeigt er seine Unkenntnis der theologischen Situation, erst recht der deutschen. Mit dem Wechsel des Titels („Verhängnisvolle Scham") bedient er das gängige Klischee, deutsche Schuldgefühle gegenüber Juden würden ihr Engagement für die palästinensischen Geschwister verhindern. Dafür führt er ausgerechnet Bertold Klappert als einzigen exemplarisch vor, der gerade wegen seines jahrzehntelangen Engagements für die Rechte der Palästinenser bis heute von vielen geschätzt wird.

Wirklich ärgerlich sind die drei klassischen antijüdischen Klischees, die der liberale Jude aus Amerika dafür ungeniert reaktiviert, und die bekanntlich im 19. Jahrhundert zu drei Klischees des modernen Antisemitismus mutierten.

„Jüdisches Erwählungsbewusstsein" macht Braverman als das Grundübel aus, das Frieden und Gerechtigkeit in Nahost verhindert. Es mag ein exklusives Erwählungsverständnis geben, aber jüdisch ist das gerade nicht, so haben wir gelernt. Schon die jüdische Bibel schärft ein, dass das Wissen, erwählt zu sein, niemals heißt „wir allein und nicht die anderen", sondern immer „wir, ohne dass wir es verdient haben, und so auch alle anderen". „Erwählt sein", so haben wir vom Judentum gelernt, heißt „ohne Verdienst geliebt zu werden", und diese Liebe gibt es nie exklusiv. Wer exklusives Erwählungsbewusstsein zum Kennzeichen des Judentums erklärt, argumentiert auf antijüdischer und schlussendlich antisemitischer Grundlage.

Die jüdische „Kultur des Andersseins", die sich über Jahrtausende allen Assimilationsversuchen widersetzte, erklärt er für ein weiteres Hindernis im Friedensprozess in Nahost. Es mag die Arroganten geben, die meinen, aus ihrem Anderssein Privilegien ableiten zu können. Aber Hochbegabte sind nicht besser als andere und solche mit einer störenden Behinderung nicht schlechter als andere, allerdings sind beide tatsächlich „anders als die anderen". Wer die Kultur des Andersseins als jüdisches Laster bezeichnet, bedient antisemitische Argumentationsmuster.

Das dritte antijüdische Argumentationsmuster ist der engstirnige „jüdische Nationalismus", begründet in der beschränkten Sicht einer „Stammesreligion" („tribal religion", die Nazis nannten das „die Religion der orientalischen Viehhändler"), den Braverman als weiteren Störfaktor des Verständigungsprozesses in Nahost ausmacht. Demgegenüber empfiehlt er das Christentum als internationale, interkulturelle, universale Liebesreligion. Nein, was das Christentum universal gemacht hat, ist seine jüdische Tradition. Dass Abraham zum Vater vieler Völker wird, das ist nicht die Erfindung der christlichen Weltreligion, das steht in der Bibel der Juden.

Mit Händen zu greifen ist, wie sein Engagement für Palästina durch sein Israel-Feindbild motiviert ist, das sich nicht scheut, antisemitische Klischees zu bedienen. So rüstet er die deutsche Palästina-Lobby mit antijüdischen und antisemitischen Argumenten auf.

Drei israelische Opfer und unbekannte Täter – und was die „Freunde Israels" daraus machen

Freunde, die meine Liebe zu Israel und dem jüdischen Volk teilen, aber durch meine kritischen Bemerkungen zu Entscheidungen von Knesset und Regierung Israels irritiert werden, lagen mir in den Ohren, mich endlich zum Verschwinden der drei Israeli auf der Westbank zu äußern. Nun gut!

Es wird doch nicht im Ernst jemand annehmen, dass ich auch nur die geringste politische Rechtfertigung dieses Verbrechens gelten lasse. Auch aus traurigen Erfahrungen in Deutschland wissen wir: Geiselnahme ist eines der schlimmsten Verbrechen. Selbst wenn die Opfer mit dem Leben davonkommen und sich die körperlichen Schäden in Grenzen halten, hinterlässt die psychische Folterung der Opfer wie ihrer Angehörigen lebenslange Folgen. Dabei spielt es für mich keine Rolle, ob die Geiseln älter oder jünger als achtzehn Jahre sind, ob sie weiblich oder männlich, Juden, Palästinenser oder Deutsche sind. Auch ein noch so edles politisches Ziel rechtfertigt dieses bestialische Verbrechen nie und nimmer.

Mein Problem ist, dass ich solche Rechtfertigungsversuche nirgendwo wahrnehme, sie aber von einigen Israelfreunden unterstellt werden. Auch nach einer Woche gibt es, wenn man den Medien trauen darf, keinerlei Hinweis auf die Täter und damit ebenso wenig auf die Motive. Fantasien werden aber als Tatsachen ausgegeben. Die rechte Presse ist voll davon, und viele „Freunde Israels" machen sie sich munter zu eigen. Und Israels Regierung spielt virtuos auf diesem Instrument.

Wenn Israeli in den besetzten Gebieten verschwinden, liegt es nahe, dass die Täter Palästinenser sind. Und schon wird pauschalisiert: Hier sind es die Untaten „der" Palästinenser, wird behauptet, ohne Täter und Motiv zu kennen. Es kann sich doch auch um eine individuelle Tat handeln, z. B. einer Familie, die Rache nimmt dafür, dass ihr halbwüchsiger Sohn von israelischen Soldaten erschossen wurde. Auch ein individueller Racheakt ist nicht zu rechtfertigen, aber hier wird das ganze Volk dafür in Haftung genommen. „Die Palästinenser jubeln", lese ich in evangelikalen Medien. Das ist nicht wahr. „Die" Palästinenser jubeln nicht. Viele sind erschrocken, viele fürchten sich, weil sie unangemessene Reaktionen Israels erwarten. Seit dem 11. September 2001 wissen wir, wie leicht Sekunden während Filmausschnitte von jubelnden Arabern suggerieren können, sie jubelten hierüber und das sei repräsentativ für das ganze Volk.

„Die palästinensische Regierung ist verantwortlich, weil sie diese Untat nicht verhindert hat", lese ich. Abbas wird zum Sündenbock gemacht, obwohl er die Tat in einer zweifelsfreien Klarheit verurteilt hat. Seinen politischen Interessen dient eine solche Tat nicht, sie schadet ihnen total. „Aber die Hamas …!“, heißt es immer wieder. Doch das ist mehr eine Projektionsfläche für Vermutungen über unbekannte Täter. Dass Hamas schweigt, spricht eher dagegen. Kenner der politischen Szene vermuten, dass es „irgendeine“ kleine gewaltsam agierende Gruppe ist, wenn die Tat überhaupt politisch motiviert ist.

Und über all dem wird vergessen, dass es weder eine palästinensische Regierung noch einen palästinensischen Staat gibt, was gutzuheißen die gleichen Medien sonst keine Gelegenheit auslassen. Es gibt eine palästinensische Autonomiebehörde, die für die Verwaltung in B- und A-Zonen und für die Sicherheit in den A-Zonen verantwortlich ist[2]. Palästinensische Sicherheitskräfte gibt es also nur in den A-Zonen. Das mutmaßliche Verbrechen nahm aber seinen Beginn auf der Straße Nr. 60, die durch die C-Zone führt, zu der kein uniformierter Palästinenser Zugang hat.

Wer schon staatliche Kräfte verantwortlich machen will, der mache gefälligst die Augen auf: Wer in C-Zonen Uniform trägt, das sind israelische Soldaten und Polizisten. Sie haben das Verbrechen nicht verhindern können. Natürlich. Wie sollten sie auch! Das lehrt, dass Israels Sicherheit nicht alleine militärisch garantiert werden kann. Wenn mit der militärischen Sicherung keine aktive Friedenspolitik einhergeht, kommt es zu keinem Frieden und bleibt die Sicherheit Israels ständig bedroht. Vor Geiselnahmen ist kein Staat gefeit, aber eine Besatzungsmacht ist dafür doppelt anfällig.

Ärgerlich ist der Medien-Hype, den das Verbrechen ausgelöst hat und der nun zu einem Selbstläufer wird. „Wieso ist die Entführung jeden Abend eine Meldung in der deutschen Tagesschau?“, fragt uns

---

2   Die in Oslo geführten israelisch-palästinensischen Verhandlungen führten 1995 zu einem zweiten Abkommen, in dem die Westbank (ohne Jerusalem) in drei (vorläufige) Zonen eingeteilt wurde. Die A-Zone umfasst die acht großen Städte, ca. 3 % des Landes, unter der vollständigen Verwaltungs- und Sicherheitskontrolle der palästinensischen Autonomiebehörden. Die B-Zone umfasst dicht besiedelte ländliche Gebiete mit über 400 Dörfern und deren Umland, ca. 25 % des Landes, unter palästinensischer Verwaltung und israelischer Sicherheitskontrolle. Die C-Zone umfasst dünn besiedelte Gebiete, ca. 72 % des Landes unter vollständiger israelischer Kontrolle. Das im Abkommen festgehaltene Ziel war die schrittweise Überlassung der B- und C-Zone an die palästinensischen Autonomiebehörden. Das Gegenteil geschieht: Israelisches Militär erscheint jede Nacht unter Vorwänden in der A-Zone für Überprüfungen und Verhaftungen. Israel verbietet in der C-Zone Palästinensern auf ihrem Eigentum jede Bautätigkeit, zerstört mehr und mehr deren Gebäude, enteignet deren Land und fördert den Bau jüdischer Siedlungen.

verwundert ein israelischer Lehrer aus unserem Nachbar-Kibbuz, „von einer Entführung in Deutschland würde in Israel niemand Notiz nehmen." Nun in Deutschland droht auch nicht, ein Krieg daraus zu werden. Aber er hat schon Recht, der nüchterne Israeli. Der Medien-Hype steht in keinem Verhältnis zu dem Ereignis.

Das sehen die „Freunde Israels" in Deutschland und in aller Welt allerdings anders. Eifersüchtig wird gezählt, ob die Welt von dieser Sünde „der anderen Seite" genauso Notiz nimmt wie von den Sünden Israels. Und dann wird am Dynamo gedreht: Mutter- und Vatergefühle für „unsere Jungs" geweckt und gesteigert, Anteilnahme für die Angehörigen massenhaft und anonym multipliziert („96.000 Likes"), als ob das mehr hülfe als der Beistand derer, die sie kennen.

Ich beteilige mich nicht an Flashmobs und eigens dafür geschaffene Facebook-Seiten, mit denen die „Freunde Israels" mehr ihre Feindschaft gegen Palästinenser, Araber und Muslime feiern, als dass sie den Betroffenen beistehen. Ich will dem Rat des Apostels Paulus folgen: *„Lasst uns nicht schlafen wie die anderen, sondern lasst uns wachen und nüchtern sein!"*(1. Thessalonicher 5,6) Dass auf der menschlichen Tragödie politische Süppchen gekocht werden, in denen die Frommen kräftig mit rühren, das finde ich – schlicht gesagt – einfach zum Kotzen.

Inzwischen hat die israelische Polizei zugegeben, dass sie (und natürlich die Regierung und Militärführung) vom ersten Tag an wussten, dass die drei bereits kurz nach ihrer Entführung ermordet wurden, und dass die inzwischen überführten Täter nicht im Auftrag der Hamas gehandelt haben.

… und dann geschah ein vierter Mord

Ein palästinensischer Teenager wird entführt und bei lebendigem Leib verbrannt. Auch hier waren die Täter einige Tage unbekannt. Wieder wurde über sie und ihre möglichen Motive spekuliert. Die „Freunde Israels" kamen gar nicht auf die Idee, nun im Gegenzug Israel zu beschuldigen oder „die Siedler" oder nationalistische oder religiöse jüdische Fundamentalisten … (Genau das ist das Feld, aus dem die Täter kommen, wie sich bei ihrer Festnahme später herausstellte). Nein, Böses tun nur die Palästinenser. Eine schauerliche Geschichte kursierte in den Medien der israelischen Ultrarechten und ihrer frommen evangelikalen Unterstützer: Der Junge sei von

130

seiner eigenen Familie verbrannt worden, weil er schwul sei. Ja, es gibt solche Ehrenmorde in der muslimisch geprägten Gesellschaft, auch in Gaza und der Westbank (und natürlich auch bei jüdischen und christlichen Fundamentalisten). Aber wie kaltherzig ist die Reaktion auf diesen Mord gerade von denen, die drei Wochen lang Krokodilstränen über die Morde an den jüdischen Teenagern vergossen haben! Und wie heuchlerisch sind die christlichen Zionisten, die doch sonst den Schwulen zwar nicht gleich die Verbrennung bei lebendigem Leibe androhen, wohl aber genau das für sie im Jenseits als ewige Strafe bereithalten!

Auf der Homepage eines palästinensischen Freundes wurde zu den drei Kerzen mit den Fotos der jüdischen Jungen eine vierte Kerze mit dem Foto des palästinensischen entzündet. Die falschen Freunde Israels blieben mit ihrer öffentlich zur Schau gestellten Trauer auf die drei jüdischen Opfer beschränkt.

Die Schlacht um Gaza zwischen den deutschen Sympathisanten

Im Augenblick ist Waffenstillstand. Niemand weiß, wie lange. Alle hoffen, dass er zu einer langfristigen Veränderung der Situation, des „Status quo" führt. Allerdings gehen die Hoffnungen weit auseinander. Diese Spannung spiegelt sich für mich in der Diskussion in Deutschland mit ihren gegensätzlichen Appellen und Demonstrationen wider. Für den 14. September hat der Zentralrat der Juden in Deutschland zu einer Großdemonstration in Berlin aufgerufen, an der auch ich teilnehmen würde. Nicht, weil Kirchen, Gewerkschaften und die Bundesregierung (und neben vielen anderen natürlich auch der Deutsche Koordinierungsrat der Gesellschaften für christlich-jüdische Zusammenarbeit und die Deutsch-Israelische Gesellschaft) den Aufruf unterstützen, sondern weil es um ein „Nein ohne jedes Ja" zum alten und neuen Antisemitismus geht. Dieser hat durch den Nahostkonflikt neue Nahrung bekommen und kann gar nicht entschieden genug bekämpft werden.

Im Nahostkonflikt selber kann ich allerdings – anders als viele meiner Freundinnen und Freunde in Deutschland – weder auf der einen noch auf der anderen Seite ein entschiedenes Ja oder Nein sprechen. Auf den ersten Blick schien es bei der Demonstration am 31.

August in Frankfurt gegen Antisemitismus um die gleiche Sache zu gehen, zu der auch alle pro-israelischen Kräfte, nicht aber Kirchen, Gewerkschaften oder die Bundesregierung, aufgerufen hatten. Das zweite Motto dieser Kundgebung „Israel, we stand with you" macht den Unterschied deutlich. Wer den Aufruf der pro-palästinensischen Gruppen zu einer Demonstration am 23. August in Köln „Schluss mit dem Krieg in Gaza" liest, wundert sich, wie sehr sich die Positionen der politischen Gegner und ihrer jeweiligen Sympathisanten in Struktur und Tenor gleichen.

Dabei steht in beiden Aufrufen durchaus Richtiges. Schief wird die Sachlage dadurch, dass beide Parteien jeweils den Opferstatus allein für ihre Seite beanspruchen, und ohne jedes Wenn und Aber die andere Seite zum Aggressor erklären. Die einen sehen die Palästinenser allein als Opfer Israels, ohne zu fragen, inwieweit Palästinenser auch Opfer von Palästinensern sind, also Palästinenser auch Täter sein können. Und die anderen reklamieren die Opferrolle allein für Israel. Dabei verharmlosen sie die Gewalt, die von der Besatzung und Abriegelung Gazas und der Westbank ausgeht, lediglich als Verteidigungsmaßnahmen.

Geradezu klassisch hat die bewegende Rede des israelischen Finanzministers Yair Lapid diese verhängnisvolle Sichtweise gezeigt, die er anlässlich seines Deutschlandbesuches in diesen Tagen an der Gedenkstätte „Gleis 17" gehalten hat –von hier fuhren in Berlin die Transporte in die Vernichtungslager. So sehr ich jedes Wort unterschreiben könnte, das er aus persönlicher und familiärer Betroffenheit über die Schoah gesagt hat, so sehr widerspreche ich ihm, wenn er daraus mit einer atemberaubenden Unmittelbarkeit die Entscheidungen seiner Regierung im gegenwärtigen Gaza-Konflikt ableitet und rechtfertigt. Da möchte ich mit dem Buchtitel des früheren Knessetpräsidenten Abraham Burgh ausrufen: „Der Holocaust ist vorüber. Steht auf aus der Asche!" Hört auf, die Schoah für politische Aktionen zu instrumentalisieren, die auch in Israel höchst strittig sind! Einerseits betonte Lapid die Unvergleichbarkeit und Einzigkeit der Schoah (dem stimme ich zu!). Andererseits identifizierte er im Widerspruch dazu die Situation Israels im Kampf gegen militanten Islamismus heute mit der Situation der Juden gegenüber dem mörderischen Rassismus der Nazis damals. Aus der unbestrittenen Tatsache, dass die Juden damals Opfer, nichts als Opfer waren und die Nazis Täter, nichts als Täter waren, zieht er ungeniert und unverblümt den Schluss: „Die

Juden sind immer die Opfer. Also sind alle unsere politischen und militärischen Aktionen nichts als Gegenwehr, als Notwehr, und damit gerechtfertigt." Eine klare Weltsicht! Ihre Klarheit wird nur leider der Kompliziertheit der Situation nicht gerecht. Und dabei ist Yair Lapid gemessen an vielen seiner Kabinettskollegen noch ein eher gemäßigter Politiker.

Solange beide Parteien sich weigern, zumindest Täteranteile einzuräumen, gibt es keine Fortschritte. Wie schwer das für die politischen Akteure auf beiden Seiten ist, ahne ich. Viel weniger verstehe ich, wie blind die jeweilige Sympathisantenszene in Deutschland (und anderswo) gegenüber diesen Sachverhalten ist. Besonders absurd ist ein Plakat unter der Überschrift „Wir klagen an", das der Deutsche Koordinierungsrat der Gesellschaften für christlich-jüdische Zusammenarbeit verbreitet. Dort werden richtige, nachdrückliche Warnungen vor jeder Form von Antisemitismus und seinen Verharmlosungen kombiniert mit schamlosen, weil uneingeschränkten Rechtfertigungen militärischer Aktionen Israels. Hier wird ein naives Israelbild aus den sechziger und siebziger Jahren tradiert, in dem Israel nichts als Opfer ist, das verzweifelt ums Überleben kämpft, und damit von allen Verletzungen palästinensischer Rechte reingewaschen wird.

Den exakt gleichen Tenor hat der Aufruf verschiedener Gruppen der Palästina-Lobby zu einer Demonstration in Köln am 23. August. Halbherzig werden darin zwar auch die gefallenen israelischen Soldaten erwähnt. Aber dass Israel allein der Aggressor und verantwortlich für die über zweitausend Toten im Gazastreifen ist, steht für die Organisatoren fest. Der islamistische Terror, der die Schwächsten des eigenen Volkes opfert, wird hier schamlos als Gegenwehr und Verteidigung gerechtfertigt. Hier sind jetzt die Palästinenser nur Opfer und niemals Täter.

Ganz andere Töne sind von den Friedenskämpfern in Israel und Palästina zu hören und zu lesen. Die Demonstranten bei einer Kundgebung auf dem Rabin-Platz in Tel Aviv, zu dem linke Oppositionsparteien und die Friedensbewegung „Frieden jetzt" aufgerufen hatten, gingen mit ihrer Regierung hart ins Gericht. Sie sehen sehr klar, dass Israel – eben ganz anders als die Juden in der Schoah – nicht nur Opfer, sondern auch Täter ist. Sie würden niemals der Israel-Lobby in Deutschland zustimmen, die nichts anderes als ein deutscher Anhänger an dem Zug ist, der in Israel auf dem rechts außen liegenden Gleis fährt.

Natürlich sind sie keine naiven prinzipiellen Pazifisten. Die meisten sind Soldaten aus Überzeugung und bejahen Israels starke Armee. Amos Oz hat in diesem Zusammenhang daran erinnert, dass seine Großmutter aus dem KZ Theresienstadt nicht durch Fähnchen und Blümchen schwingende Pazifisten befreit wurde, sondern durch (russische) Soldaten mit Maschinengewehren im Anschlag. Für die israelischen Friedensaktivisten ist „Gewaltverzicht" ein zu bescheidenes Ziel. Sie arbeiten für „Gewaltüberwindung", die nicht nur auf dem Weg des Gewaltverzichtes erreicht werden kann, sondern die in bestimmten Situationen auch bedingte Gewalt nötig macht. (Einer meiner Freunde hat mich daran erinnert, dass dies exakt die Position Dietrich Bonhoeffers ist, die er in seiner „Ethik" reflektiert hat.) So wenig ein prinzipieller Gewaltverzicht die Lösung bringt, so sehr ist auch anderes als Militäroperationen, also Gewalt, nötig. Die Hoffnung hier im Lande ist, dass neue Gespräche und Verhandlungen in Gang kommen, die mehrheitsfähige Kompromisse auf beiden Seiten ermöglichen.

Dieser kritischen israelischen Position kommen die Äußerungen unserer palästinensischen Freunde in Israel und den besetzten Gebieten sehr nahe. Sie unterscheiden sich wiederum von den offiziellen Botschaften der (eigentlich ja sehr sympathischen) „Botschafterin" Palästinas in Berlin, Khouloud Daibes, und der deutschen Palästina-Lobby. Ich zitiere hierzu das Gedicht eines palästinensischen Christen aus Nazaret. Sylvia Bukowski hat es vom Englischen ins Deutsche übersetzt und mit dem Satz kommentiert: „Ich finde die Stimmen christlicher Palästinenser in den aufgeheizten Diskussionen hierzulande hilfreich."

Was ist, wenn?

Was ist, wenn ich finde, die Hamas sei menschenverachtend,
aber Israel auch nicht gerecht?
Was ist, wenn ich Krieg als keine Lösung betrachte,
sondern aufrufe,
nach Frieden zu suchen und ihn in die Tat umzusetzen?
Werde ich als Antisemit verschrien? Als Gegner Israels?
Werde ich für meine Worte verdammt?
Was ist, wenn ich es wage, um den Tod israelischer Soldaten
zu trauern? Und genauso um den Tod von Palästinensern?
Was ist, wenn ich für die Freiheit und Würde
der Palästinenser bete,

aber auch für Frieden in Israel?
Werde ich dann naiv genannt?
Diese Worte mögen ihren Preis haben, aber ich glaube,
sie auszusprechen ist Gottes Wille.
Pfarrer Azar Ajaj am 18. 8. 2014

Wie die „Freunde Palästinas" ihr Feindbild „Israel" pflegen

Bei einem meiner Deutschlandbesuche hörte ich zufällig von einer Vortragsveranstaltung des Partnerschaftsvereins Köln-Bethlehem zum Thema „Kairos-Papier" (siehe Seite 124). Referiert wurde sehr informativ und anschaulich über dieses Dokument der palästinensischen Christen. Der Referent setzte sich sachlich und fair mit der kritischen Rezeption des Dokumentes in Deutschland auseinander. Bis auf die unangemessenen Vergleiche mit Südafrika und dem zu wenig differenzierten Boykott-Aufruf konnte ich dem Vortrag zustimmen. Unglaublich war die sich anschließende Diskussion. Versammelt hatten sich zwanzig Gleichgesinnte, die sich mit ihren Hasstiraden gegen Israel geradezu übertrumpften. Erzählt wurde von einer Palästina-Reise mit Pax Christi, bei der sie alle ihre Urteile über Palästina und Israel – wen wundert's? – bestätigt fanden. Man hatte den Eindruck, es bilde sich Schaum vor dem Mund, bevor sie das Wort „Israel" gebrauchten. Andere sprachen überhaupt nur von „Besatzer-Staat". Es erinnerte mich an die Islamisten, die ja auch das Wort „Israel" nicht in den Mund nehmen und stattdessen vom „zionistischen Gebilde" sprechen. Ein evangelischer Theologe bekannte sich ausdrücklich zu seinem „Feindbild Israel" und behauptete allen Ernstes, das Gebot der Feindesliebe verlange, dass man Feindschaften erhalten solle, um Feinde lieben zu können. Welche Fantasien er mit dem Wort „lieben" verbindet, lasse ich mal dahingestellt. Dass Feindesliebe „Ent-feindung" bedeutet, ist Stoff des Religionsunterrichtes in der Grundschule … Aber was soll bei dieser theologiefreien ethischen Gschaftelhuberei auch anderes herauskommen? Ich hatte keine Lust, auf diesem Niveau zu diskutieren und fuhr frustriert nach Hause. Erwartet hatte ich eigentlich, dass über die aktuellen Ereignisse am „Zelt der Nationen" nahe Bethlehem informiert würde (siehe Seite 100-102). Aber dazu fiel kein Wort, obwohl sich doch hier ein Feld aufgetan hätte, der an diesem Abend immer wieder erhobenen Forderung „aktiv zu werden" nachzukommen.

Latenter und offener Antisemitismus in der Israel-Kritik

So wie man sich davor hüten sollte, jede Israel-Kritik als „Antisemitismus" zu denunzieren (was übrigens auch dazu beiträgt, Antisemitismus zu verharmlosen), so ist doch oft mit Händen zu greifen, wie manche Kritik an Israel antisemitische Klischees bedient. Verräterisch ist immer der Satz „Man wird ja wohl (auch als Deutscher) Israel noch kritisieren dürfen". Was darauf folgt, ist meist eine ungerechte, unverhältnismäßige und überzogene Kritik, deren Erkenntnis leitendes Interesse es ist, nicht eine gerechte Beurteilung der Lage zu finden, sondern Israel als Täter zu erweisen, und die beherrscht ist von dem Feindbild „Israel ist an allem schuld". Mir käme es nicht in den Sinn, einen solchen Satz zu sagen, weil ich ganz oft die Erfahrung gemacht habe, dass Israel-Kritik in Israel selbstverständlich nicht nur erlaubt ist, sondern von Juden auch gehört und bejaht wird, auch wenn sie in Deutsch vorgetragen wird. Allerdings haben Juden ein sehr feines Gespür dafür, ob es eine solidarische Kritik ist oder eine prinzipielle Kritik von außen, deren Feindseligkeit sich nur mit Höflichkeit und intellektuellem Gehabe tarnt.

Nach meiner Wahrnehmung sind die erschreckenden antisemitischen Exzesse auf deutschen Straßen und in den sozialen Netzwerken während des letzten Gaza-Krieges produziert und befördert worden durch vor allem sich politisch links gebende Journalisten und Politiker (nicht nur von „der Linken"). Am Beispiel des inzwischen berüchtigten politischen Kommentars in den Tagesthemen von Sabine Rau im WDR am 22.7.14 ist das im Internet nachzusehen. Von 120 Sekunden verwendet sie 20, um pflichtgemäß ihr Bedauern über die antisemitischen Ausschreitungen zu bekunden, und nutzt dann die übrige Zeit dazu, ihre Hörerschaft eben dazu aufzuhetzen, indem sie eine Philippika gegen Israel vom Stapel lässt mit dem Tenor „Israel ist an allem schuld". Am Ende ist man gar nicht sicher, ob ihr aus Versehen auch ein „Die Juden sind an allem schuld" entschlüpft ist.

Da müssen sich Sabine Rau und andere sich gerne als Linksintellektuelle gebende Journalistinnen und Journalisten nicht wundern, wenn der Mob dann „Kindermörder Israel" skandiert, wofür in Frankfurt die Polizei sogar ihren Lautsprecher zur Verfügung stellt. Zu spät haben Präsident, Kanzlerin und Justizminister Einhalt geboten.

Ein Hoffnungszeichen ist, dass auch der Zentralrat der Muslime in Deutschland sich scharf gegen Antisemitismus geäußert hat:

„Wer ihn verbreitet, hat keinen Platz in unseren Gemeinden." Auch der Islamophobie ist zu wehren. Hamas und ISIS sind nicht „der" Islam.

Bin ich ein Antisemit?

Immer wieder erfahre ich Kritik durch evangelikale zionistische Christen in Israel und Deutschland. Mit einer „Rika" gab es auf meinem Blog eine aufschlussreiche Debatte. Sie sieht die Missstände in dem von ihr geliebten Land Israel sehr deutlich, aber sie verbietet sich selbst, sie zu benennen oder gar öffentlich zuzugeben. Sie räumt ein, dass ihr „Blick auf die arabisch-palästinensische Seite ein wenig eingeschränkt" ist. Aber weil „die Kritiker Israels hier in Deutschland mehr Gewicht bekommen haben ... als die Freunde", verzichtet sie weitgehend darauf, Israel zu kritisieren. Sie will Israel „in erster Linie aus der Perspektive der jahrhundertelangen Verfolgung, der Missachtung, des Ausgegrenztseins und der Bedrängnis verstehen", schreibt sie. Das ist die klassische Beschreibung der (in den USA, in vielen europäischen Ländern und eben auch in Deutschland verbreiteten) Haltung des „christlichen Zionismus", die Mark Braverman zu Recht „Verhängnisvolle Umarmung" nennt (siehe Seite 126). Wenn diese Sichtweise dann noch biblizistisch oder auf andere Weise religiös verklärt wird, ist ihr argumentativ kaum beizukommen.

Rika versteht die jüdische Leidensgeschichte wie ich als kollektive Traumatisierung, aus der sie zwar nicht folgert, dass Traumatisierte „bessere Menschen sein" müssten, wohl aber dass sie „nicht in der Lage (seien) über die eigene Befindlichkeit hinaus zu denken", mithin nicht verantwortlich sind, für das, was sie tun, und dafür nicht kritisiert werden dürfen. Solche Haltung erregt nicht nur den Zorn der Palästinenser, die Opfer von Rechtsverletzungen durch Israeli geworden sind, sondern auch von vielen Israeli, die für die Einhaltung der Menschenrechte in ihrem Land streiten.

Mit diesem machtvollen Kritikverbot im Kopf muss sie dann ebenso zwanghaft alle Kritik an offen zu Tage liegenden Missständen in Israel zurückweisen. Und wenn alle Argumente ausgegangen sind, kommt zum Schluss – wie häufig – der Vorwurf des Antisemitismus auf den Tisch. Die darin liegende Verharmlosung von Antisemitismus kommt ihr dabei gar nicht in den Sinn. Geradezu klassisch wird deutlich, wie der Vorwurf des Antisemitismus gegen jede auch noch so berechtigte Kritik immunisiert und den Blick für die Realität trübt.

Von mir erwartet Rika „Äquidistanz" (das Leitwort für Richterinnen, Schiedsrichter und Mediatorinnen). „Zwischen den Stühlen" ist Äquidistanz aber gerade nicht. Ich folge nicht dem „goldenen Mittelweg", halte nicht zu beiden Seiten gleichen Abstand. Ich bin nicht neutral. Ich bin weder Richter noch Schiedsrichter und werde mich hüten, jemals in diese Rolle zu schlüpfen. Ich bin ein Freund von Jüdinnen und Juden und von Palästinenserinnen und Palästinensern, ein Freund Israels und Palästinas. Ich bemühe mich um eine „doppelte Solidarität". Und darum stehe ich in bestimmten Situationen des Konfliktes an der Seite von Palästinensern zum Ärger der unbeweglichen „Freunde Israels". Und in anderen Situationen ergreife ich die Partei von Juden in Israel oder die Partei Israels zum Ärger der unbeweglichen „Freunde Palästinas". „Zwischen den Stühlen" habe ich auszuhalten, dass ich von beiden Seiten Kritik erfahre.

Das ist alles andere als bequem. Da fühle ich mich keineswegs immer gut, wie die Vertreter beider Extrempositionen mir unterstellen. Das ist eine Position voller Zweifel und Selbstzweifel, von Ohnmacht und Hilflosigkeit, aber auch die Position einer Hoffnung, die immer etwas wagt und die niemals Sicherheit ist. Eigentlich ist es wie im Alltag, wenn zwei meiner guten Freunde eine lange Konfliktgeschichte miteinander haben: Ich bin weder ihr Eheberater noch ihr Scheidungsrichter, weder ihr Therapeut noch ihr Mediator. Ich bin schlicht ihr Freund, der hin- und hergerissen ist, der die Freundschaft zu dem einen nicht zur Feindschaft gegen den anderen werden lässt. Das ist ziemlich unbequem – wie im richtigen Leben. Aber ich erfahre, dass viele in Palästina und Israel und Deutschland den Platz „zwischen den Stühlen" mit mir teilen. Das macht mir Hoffnung. Für mich jedenfalls ist es die einzig mögliche Haltung, in diesem Land als Christ und Deutscher zu leben.

Wieder etwas gelernt

Die Teilnehmerin einer Studiengruppe schenkte mir zum Abschied von Nes Ammim eine Regenbogenfahne mit dem hebräischen Wort „Schalom" und dem arabischen „Salam". Darüber habe ich mich echt gefreut. Die Wörter „Schalom" und „Salam" halten fest, dass der Regenbogen hier nicht verengt ist als Hinweis auf die bunte Welt der verschiedenen Lebensformen, sondern in der biblischen Weite der Verheißung und des Gebotes von Gerechtigkeit, Frieden und Bewahrung der Schöpfung steht. Mir gefiel auch die Verbindung von Schalom und Salam. Und spontan hatte ich die Idee, diese Fahne öffentlich auszuhängen als Charakteristikum von Nes Ammim. Und würde sie nicht auch gut in die Dekoration unserer Gedenkfeier für die Kristallnacht passen?

Erst das Gespräch mit Einwohnern dieses Landes öffnete mir – wieder einmal! – die Augen dafür, wie jüdische und palästinensische Israeli diese Fahne lesen. „Warum bringt ihr uns die Fahne eurer Friedensbewegung? Wollt ihr uns wieder belehren? Warum schreibt ihr Frieden darauf in unseren Sprachen und Schriften? Warum steht da nicht auch „Peace", „Pax", „Friede", „Pace" usw.? Habt ihr in Sachen Frieden schon ausgelernt im Gegensatz zu uns? Wollt ihr uns an den Pranger stellen, weil wir noch keine Lösung gefunden haben für die Probleme, an denen ihr nicht unschuldig seid?" Da hatte ich meine Lektion gelernt und die Fahne schleunigst zusammengefaltet. Ich nehme sie in Zukunft mit auf Reisen, um meiner deutschen Zuhörerschaft zu zeigen, was ich peinlich lernen musste: „Hüte dich, Palästinenser und Israeli belehren zu wollen!"

ANHANG

Vom Nutzen des jüdischen Neins zum Messias Jesus
Predigt über Römer 11, 25-32[3]

„... damit ihr euch nicht selbst für klug haltet!" (V.25) Das war also
schon damals das Problem. Der Hochmut der Christen und Christinnen. Ihr Überlegenheitsgefühl Juden und Jüdinnen gegenüber. Ihr
Dünkel: Wir wissen es besser. Wir wissen mehr als die Juden. Wir
kennen ihren Messias. Wir können sie belehren, sie missionieren.

So nahm der Wahnsinn seinen Lauf: eine bald zweitausendjährige Geschichte der christlichen Judenmission. Nicht erst mit Kaiser Konstantin, nein, schon zu Zeiten der Apostel kam es zu dieser
schrecklichen Fehlentwicklung. Die Mahnung des Apostels wurde
offensichtlich in den Wind geschlagen. Dieses christliche Überlegenheitsgefühl hat durch die Jahrhunderte den Antijudaismus in
Theologie und Kirche bestimmt und im 19. Jahrhundert dem modernen Antisemitismus das Feld bereitet, der schließlich zur Schoah
geführt hat.

Seit sechzig Jahren bemühen sich Christen, diese Fehlentwicklung umzukehren. Um 180 Grad. Statt Juden zu belehren, haben wir
Christen von Juden zu lernen. „Von Juden lernen", um die eigene
Religion und Kultur besser verstehen zu können. Radikale Abkehr
von christlichem Überlegenheitsdünkel.

Geboren ist die Haltung der Überlegenheit in der Überzeugung:
„Wir glauben an den Messias Jesus, die Juden nicht. Und darum: Wir
sind gerettet, die Juden nicht." Solche wissenden, zur Judenmission
entschlossenen Christinnen und Christen gibt es leider bis heute –
nicht nur in Amerika.

---

3 Zunächst veröffentlicht in: „So wird ganz Israel gerettet werden" – Arbeitshilfe zum
Israelsonntag 2014, Haus kirchlicher Dienste der Evangelisch-lutherischen Landeskirche Hannovers, hg. v. Volker Haarmann, Hanna Lehming, Ursula Rudnik, S. 37-42.

Diese Bescheidwisser bekommen es hier mit Paulus zu tun. Der Missionar schlechthin liest ihnen die Leviten. Er überführt sie ihres Irrtums und belehrt sie eines Besseren. Er hat dafür Autorität, weil er wie kein anderer mit Eifer missioniert hat. So erfolgreich er bei den Nichtjuden war, sie für den Glauben an den Messias Jesus zu gewinnen, so erfolglos war er bei seinesgleichen, bei seinen Freunden, seinen Kollegen, seinen Verwandten. Dieser Misserfolg hat ihm Kummer bereitet. Sein Scheitern hat ihn angefochten und zweifeln lassen. Immer wieder hat er gefragt: „Warum? Warum kommen die, die mir am Herzen liegen, nicht zu der gleichen beglückenden Erkenntnis wie ich selbst?"

* * *

In seinem letzten Brief, dem Brief an die Römer, zieht er das Resümee seiner Anstrengungen. In all seinen Kämpfen um das Ohr und das Herz seiner jüdischen Geschwister hat sich ihm mehr und mehr eine Antwort auf seine Klagen erschlossen, die er selbst ein „Geheimnis" (V. 25) nennt.

Ein erschlossenes Geheimnis ist keine Allerweltsweisheit, keine Erkenntnis, die offen auf dem Tisch oder gar auf der Straße liegt. Ein erschlossenes Geheimnis ist etwas, das wie ein kostbares Geschenk ausgepackt, ausgewickelt, aufgeschlossen werden will. Der Kern dieser geheimnisvollen Erkenntnis ist mitten in der Tora zu lesen. Gleich nach dem Empfang der Zehn Gebote ist dort von Israels Ungehorsam, seiner Halsstarrigkeit die Rede. An die Stelle des lebendigen Gottes haben sie das Goldene Kalb gegossen. Statt ihrem unsichtbaren Befreier zu trauen, haben sie sich der Sichtbarkeit und Machbarkeit versklavt.

Ungehorsam wird bestraft. Das lehrt uns die Alltagserfahrung. Aber die Tora bürstet den Alltag gegen den Strich. Sie lehrt uns: Trotz allem bleibt Gott seinem geliebten Volk treu, auch wenn es ungehorsam ist. Gott bleibt seinem Volk zugewandt. Seine ausgebreiteten Arme machen das unübersehbar anschaulich (Jes. 65,2; Röm. 10,21). Gottes Wort macht Israel lebendig und bewegt es zur Umkehr: „Wem ich gnädig war, dem werde ich auch gnädig sein. Wessen ich mich erbarmt habe, dessen erbarme ich mich auch jetzt und in Zukunft." (2. Mose 33,19) Den Satz aus der Tora zitiert Paulus zwei Kapitel vorher (9,15). Und hier resümiert er: „Gottes Gaben und Berufung können ihn nicht gereuen." (V. 29)

Es dauert eine Weile bis sich diese außerordentliche Zusage entfaltet. Paulus ist einen langen, quälenden Weg mit vielen Umwegen und Irrwegen gegangen, bis er zu der befreienden Erkenntnis kam: *„Ganz Israel wird gerettet werden"* (V.26). Diese im Wort Gottes geborene Zukunftshoffnung erschließt ihm die Rätsel der Gegenwart. Paulus kommt zu drei für ihn neuen Erkenntnissen (V.25):

1. Das Nein Israels zum Messias Jesus ist nicht Israels Tat, sondern *Gottes Werk*. Gott selbst hat die Ohren der Juden verstopft und das Herz Israels hart gemacht. Gott ist der Urheber von Israels Nein. Darum hat es keinen Zweck, dagegen anzurennen. Zu dieser Einsicht kommt der Missionar am Ende, nachdem er jahrelang gegen dieses Nein angerannt ist. Und wie töricht war die Kirche, es fast 2.000 Jahre lang genauso zu machen, statt dieser späten Einsicht des Paulus zu trauen!

2. Dass nur wenige Juden den Messias Jesus anerkennen, ist kein Grund, traurig zu sein. Die Existenz dieser wenigen Juden ist vielmehr ein Vorzeichen. Auch wenn es nur eine kleine Gruppe ist, die nicht größer wird. Sie sind *wie die Erstlingsgabe*, wie Sauerteig, wie ein Saatkorn, wie die erste Rate, in der die Rettung des ganzen Israel schon eingeschlossen ist. Mit diesem kleinen Teil ist die Rettung der ganzen Gemeinschaft versprochen.

3. Wenn es der barmherzige Gott ist, der Israels Ohren verstopft und sein Herz hart gemacht hat, dann kann diese Verhärtung nur zeitlich begrenzt, *nur vorläufig* sein. Sie ist nur eine Etappe auf Gottes Weg mit seinem Volk, an dessen Ende die Rettung aller steht.

* * *

Und damit wird der Weg frei, das Nein Israels zum Messias Jesus positiv zu sehen. Wer Juden missionieren will, der sieht dieses Nein als etwas Negatives an. Es ist dann wie ein Hindernis für die Rettung Israels, das durch Judenmission überwunden werden muss. Aber Paulus kann dem Nein Israels zu seinem Messias etwas Positives abgewinnen.

Bisher hatte er nur die Nachteile dieses Neins gesehen, jetzt erschließen sich ihm die Vorteile. Das Nein Israels dient uns Christen, den Menschen aus der nichtjüdischen Welt, die wir Ja sagen zum Messias Jesus. Und worin besteht dieser Vorteil? Um es vorab in einem Satz zu sagen: Es bewahrt uns vor Hochmut und lehrt uns Demut.

Das Nein der Juden ist ja nicht unbegründet. Sie haben gute Gründe dafür, Jesus als Messias abzulehnen. Und es tut uns Christen gut, diese Gründe gründlich und ausführlich wahrzunehmen, statt sie vorschnell und selbstgerecht wegzuwischen.

Eine chassidische Geschichte veranschaulicht das. Den Streit zwischen einem christlichen Priester und einem Rabbi über die Frage, ob der Messias schon gekommen sei, beendet der Rabbi damit, dass er dem Priester den Rücken zukehrt und schweigend aus dem Fenster schaut. „Warum redest du nicht weiter?", fragt der Priester nach einer Weile. „Ich schaue in die Welt hinaus", antwortet der Rabbi. „Warum?" „Ich prüfe, ob der Messias schon gekommen ist, ob der Säugling gefahrlos mit der Giftschlange spielt (Jes. 11,8), ob Wolf und Lamm sich liebevoll umarmen (Jes. 11,6; 65,25), ob die Schwerter zu Pflugscharen geschmiedet sind (Jes. 2,4), ob alle satt werden und niemand stirbt, bevor er die Hundert erreicht hat (Jes. 65, 20-23)."

Anwälte der unerfüllten Verheißungen Gottes – das sind Jude und Jüdin mit ihrem Nein gegenüber der Christenheit. Und zugleich sind sie Anwältinnen der Realität. Ihr Nein bewahrt uns davor, zu vollmundig, zu selbstgewiss unseren Glauben an den Messias Jesus zu bekennen. Der, an den wir glauben, ist nicht der strahlende Gottessohn, der keinen Anlass zum Zweifel gibt. Nein, er ist der missratene Gottessohn, der am Kreuz Gescheiterte. Da ist nichts zu sehen, das ihn als Retter der Welt auswiese.

Und der Auferstandene? Der Auferstandene ist der, der sich uns entzogen hat. Als Maria von Magdala ihn erkennt, entzieht er sich ihr. Als die Jünger in Emmaus ihn erkennen, entzieht er sich ihnen. Der gekreuzigte und auferstandene Jesus macht sich aus dem Staub. Er lässt die, die an ihn glauben, im Staub zurück, ohne dass er ihnen irgendetwas in die Hand gibt. Nichts haben sie in der Hand. Nur im Ohr haben sie seine Zusage: „Ich werde wiederkommen." Der, an den wir Christen und Christinnen glauben, eben der versetzt uns in den Wartestand. Er weckt unsere Hoffnung, unsere Sehnsucht, unsere Erwartung.

Das jüdische Nein bewahrt uns davor, unsere Glaubenserfahrungen in der Gegenwart schon für die Erfüllung seiner Verheißungen zu halten. Nein, Gottes Verheißungen stehen noch aus. Das jüdische Nein bewahrt uns davor, uns mit der Welt, wie sie ist, abzufinden. Es bewahrt uns davor, einverstanden zu sein, zufrieden zu sein, die Bruchstücke gelingenden Lebens schon für das Ganze zu halten.

Wir sind – wie Jüdinnen und Juden – unterwegs und noch nicht am Ziel. Mit dem Kommen Jesu ist noch nicht alles vollbracht. Es gibt noch zu viel, was zu wünschen übrig lässt, zu viel, was auf sich warten lässt.

* * *

Manchmal wirft uns ein tragischer Unfall oder ein plötzlicher Tod aus der Bahn. Auch wenn wir nicht selbst direkt betroffen sind, trauern und klagen wir mit den direkt betroffenen Menschen. Mit ihnen halten wir die bohrende und wütende Frage aus, die angesichts des Leides aufbricht: „Mein Gott, wie konntest du das zulassen?!"

Auch als Pastor bin ich weit davon entfernt, diese bohrende Frage mit einer frommen Antwort zu versehen und sie damit zum Schweigen zu bringen. Ich glaube nicht, dass Gott mit Unfall und Unglück einen Plan hat. Ich glaube überhaupt nicht, dass schreckliche Unfälle Gottes Willen entsprechen. Ich glaube, dass vieles in dieser Welt gegen Gottes Willen geschieht. Aber ich bin nicht einverstanden damit. Und das macht mich traurig und wütend und zornig. Das nährt meine Zweifel. Und manchmal bringt es mich auch zur Verzweiflung.

Und wenn ich dann wage, Gott mit solchen trostlosen Erfahrungen zusammenzubringen, merke ich: Das geht nur in der Gestalt der Klage. Da ist nur Protest möglich. Die ungeschönte Gegenwart aushalten – und zugleich an den Verheißungen Gottes festhalten? Wer das wagt, dessen Gebete werden wie von selbst zu Klagegebeten.

Dann merke ich, dass mit den vielen offenen Fragen, die unbeantwortbar stehenbleiben, auch die große Frage für mich offen ist: Wann kommst du, der du die Welt regierst? Wann setzt du deinen guten Willen durch gegen alles Elend dieser Welt? Wann endlich schaffst du Gerechtigkeit? Wann endlich ist der Tod verschlungen vom Leben?

Dass auch wir, die wir an den gekommenen Messias Jesus glauben, solche Fragen stellen dürfen – nein: stellen müssen –, dazu ermutigt uns das jüdische Nein. Wir lernen, dass Zweifel zum Glauben gehört wie Schatten zum Licht. Dass ein Glaube ohne Zweifel Aberglaube ist. Wir haben als Glaubende nichts in der Hand. Mit leeren Händen glauben heißt Warten, Suchen, Fragen, Sehnsucht. In der Schule der

Juden lernen wir Christen Demut und wir lernen, unseren Glaubens-
hochmut und unseren frommen Stolz hinter uns zu lassen.

Und so bekommen wir Anteil am Glauben der Juden, dass Gott
sich der Gottlosen erbarmt, dass er die Verworfenen erwählt, dass auch
wir als Menschen aus der nichtjüdischen Völkerwelt teilhaben an den
Verheißungen für Israel. Dass auch die Feinde des Evangeliums Ge-
liebte werden und die Ungehorsamen erwählt werden (V.28-30).

* * *

Juden brauchen unsere Mission nicht. Wenn am Ende ganz Israel ge-
rettet wird, dann geschieht das an der Kirche vorbei. Für die Rettung
Israels ist die Kirche überflüssig. Die Rettung seines Volkes Israel hat
Gott zur „Chefsache" erklärt. Wahrscheinlich stellt sich Paulus das
so vor, wie er es selber vor Damaskus erlebt hat. Keine christlichen
Missionare haben aus dem Saulus einen Paulus gemacht, sondern der
Herr selbst. So hat Paulus am eigenen Leibe die Grundeinsichten der
Tora neu gelernt: Die Verworfenen sind erwählt. Die Gottlosen sind
Gott recht.

Die Rettung Israels geht an der Kirche vorbei. Darin liegt eine
ungeheure Kränkung für die Kirche. Vielleicht hat die Kirche diese
biblischen Einsichten deshalb so gründlich verdrängt, weil sie diese Kränkung nicht aushalten wollte. Weil sie sich selber für zu klug,
für zu wichtig und unentbehrlich gehalten hat. Wenn die Rettung
Israels zur „Chefsache" erklärt ist, dann ist kirchliche Judenmission
nicht nur nicht geboten, sondern vielmehr nicht erlaubt. Das Unternehmen „Judenmission" ist eine Anmaßung, Ausdruck christlichen
Hochmutes.

Begründet wird diese verwegene und mutige Perspektive mit Worten der Propheten Israels (Jes. 59,20; Jer. 31,33). Wie Gott selber die
Verhärtung Israels bewirkt hat, so wird er am Ende diese auch wieder
aufheben, alles Störende wegnehmen und so den Bund mit Israel erneuern (V.26-27). Das wird der *„Erlöser vom Zion"* (V.27) tun. Das ist
eine Bezeichnung des Gottes Israels (Jes. 59,20). Für Paulus ist natürlich klar, dass der Messias Jesus dabei nicht überflüssig ist. Aber hier
redet er weder von Jesus noch dem Messias. Das ist wahrer Glaube.
Er pfuscht dem Herrn nicht ins Handwerk. Er respektiert, dass Gott
der Unverfügbare ist. Der Glaubende lässt dem Herrn die Freiheit,
wie und als wer er handeln wird. Da ist aller Stolz gebrochen. Das ist

das Ende jedes christlichen Triumphalismus. Auch am Ende haben die Christen den Juden nichts voraus. *„Gott hat beide eingeschlossen in den Ungehorsam, damit er sich beider erbarme."* (V.32) Das ist wahre Demut. Und diese Demut führt zu einer großen Gelassenheit.

Von dieser Gelassenheit erzählt man sich eine Geschichte aus den zwanziger Jahren des letzten Jahrhunderts. Juden und Christen haben zueinandergefunden und dabei wieder entdeckt, dass sie viel mehr verbindet als trennt. Einzig die Frage, ob der Messias, den beide, Juden und Christen, erwarten, schon einmal gekommen ist oder nicht, trennt sie. „Fast zweitausend Jahre lang haben wir darum gestritten", sagten sie, „lasst uns aufhören, darum zu streiten, lasst uns stattdessen auf ihn warten! Wenn er kommt, soll er doch selber sagen, wer er ist. Er ist doch der Herr, er hat doch das Sagen, nicht wir." Martin Buber, der jüdische Religionsphilosoph, hat noch eins draufgesetzt und hinzugefügt: „Wenn der Messias kommt, dann möchte ich ganz nahe bei ihm stehen und ihm, noch bevor er etwas sagen kann, zuflüstern: „Verrate es nicht!" Auch am Ende soll keine Religion über die andere triumphieren. Wer hier zu triumphieren hat, ist einzig der Herr. Auf ihn warten wir. Ihn erwarten wir. Ihn sehnen und beten wir herbei. Damit diese Welt werden kann, wie Gott sie gedacht hat. Amen.

Von Juden lernen – das aktuelle Studienprogramm Nes Ammims[4]

Nes Ammim, ein Ort des Dialogs? Des christlich-jüdischen Dialogs? Nein, auch wenn das oft zu lesen ist. Dies ist nicht einmal die halbe Wahrheit. Das Programm heißt von Anfang an: „Von Juden lernen". Und das ist etwas anderes als christlich-jüdischer Dialog. Auch wenn Formen des Dialogs zu diesem Lernen gehören, seine Asymmetrie ist das Entscheidende. Wir haben das Lernen nötig. Ob Juden uns Christen brauchen, um ihre eigene Identität zu finden, haben sie selbst zu entscheiden. Aber wir Christen können ohne Juden unsere Religion nicht verstehen. Diese Asymmetrie in Begegnung und Dialog ist es, die oft genug verkannt wird, die aber das Studienprogramm von Nes Ammim bestimmt.

I. Von Juden lernen – in Vergangenheit, Gegenwart und Zukunft

Jahrhundertelang lebten Christen in dem Bewusstsein, mehr als Juden zu wissen und sie darum belehren zu können. Die erschreckende Erkenntnis, dass dieses christliche Überlegenheits- und Sendungsbewusstsein eine Wurzel der Schoah war, führte zu einer Kehrtwende um 180 Grad. Nes Ammim ist so etwas wie die Materialisierung dieser neuen theologischen Erkenntnisse. Sie werden hier gleichsam „geerdet". Neben der Unterstützung Israels als „Zeichen *der* nicht-jüdischen Völker" ist Nes Ammim ein Lernort als „Zeichen *für die* nicht-jüdischen Völker".

So sehr das Erschrecken über die Schoah der Anlass war, das Verhältnis zum Judentum neu zu denken und zu gestalten, so wenig ist es auf die Reflexion der Schoah beschränkt und etwa damit erledigt. Gelernt worden ist vielmehr Grundsätzliches und Fundamentales für die gesamte christliche Theologie, das Selbstverständnis des Welt-Christentums und der abendländischen Kulturgeschichte. Dieses fortwährende Weiterlernen ist auch nach 50 Jahren eine bleibende Aufgabe, die in jeder Generation neu zu gestalten ist.

---

4 Gekürzte Fassung eines Aufsatzes, der in niederländischer Übersetzung erschienen ist in: Michael Elias, Simon Schoon (Hrsg.) Van rozenkassen tot dialoog, Gorinchem 2013, 90-104 und auf Deutsch erscheinen wird in: Bertold Klappert/ Thomas Kremers (Hrsg.), Heinz Kremers, Vom Judentum lernen – Impulse für eine nicht-antijüdische Christologie, Neukirchen 2015.

Der Lernort Nes Ammim unterscheidet sich von möglichen Lernorten in Europa dadurch, dass hier Christen als Minderheit und Gäste inmitten einer vom Judentum geprägten Gesellschaft und in einem „jüdischen Staat" von Juden lernen. Auch wenn nicht alle Freiwilligen aus Europa praktizierende Christen sind, so sind sie dennoch von einer postchristlichen Kultur geprägt. Als solche machen sie in Israel die heilsame Erfahrung, in einem Staat und einer Gesellschaft zu leben, die von einer anderen religiös verwurzelten Leitkultur geprägt sind. Sie lernen in gespiegelter Erfahrung, was es für Jüdinnen und Juden bedeutet, überall auf der Welt außerhalb Israels als Minderheit leben zu müssen, und welche mehr oder weniger schmerzlichen Grenzen der religiösen und kulturellen Gestaltung ihres Lebens immer wieder gesetzt sind.

Lernen geschieht in Nes Ammim auch durch Vorträge, allen voran durch einen mehrfach im Jahr stattfindenden Beth Midrasch, die spezifisch jüdische Art, die Heilige Schrift auszulegen. Lernen bedeutet in Nes Ammim aber vor allem Lernen aus Erfahrung. Deshalb organisiert und arrangiert das Studienprogramm Gelegenheiten, bei denen in der Begegnung mit Menschen, Institutionen und Ereignissen Lernerfahrungen gemacht werden können. „Von Juden lernen" bedeutet vor allem, mit ihnen zu leben in Lebensverhältnissen, die von ihnen bestimmt sind. Am täglichen Leben teilzunehmen ist das Setting, in dem wir lernen, mit dem Schabbat umzugehen, mit den jüdischen Feiertagen und den Speisegeboten. Dabei ist die Lernherausforderung eine doppelte: vom Judentum lernen, ohne sich ihm anzupassen und ohne das Judentum christlich zu überbieten. Die Herausforderung ist der Respekt vor dem Fremden.

Das Fremde wahrzunehmen und zu beachten, wird unumgänglich im Umgang mit den Kaschrut-Regeln eingeübt. Die Entscheidung, ein Gästehaus mit koscherer Küche in Nes Ammim zu betreiben, verpflichtet alle, die in der Küche, im Speisesaal und an der Spülmaschine Dienste übernehmen, auch wenn sie nicht nach den jüdischen Speisevorschriften leben, zu äußerster Sorgfalt bei der Beachtung fremder Regeln und Gebote.

Das Fremde lernen wir entlang dem jüdischen Festkalender. Dabei bleiben wir Zuschauer, auch wenn wir als Gäste von Synagogengemeinden oder Familien eingeladen werden, an ihren Festmahlzeiten teilzunehmen, in ihrer Sukka Platz zu nehmen, an Simchat Tora mit ihnen um ihre Torarolle zu tanzen, an Rosch ha-Schana am Strand an ihrem Taschlich-Ritus teilzunehmen.

In der Vergangenheit hat es immer wieder Versuche einzelner Freiwilliger gegeben, diese Grenze zu überschreiten. Motor dafür ist meist eine unreflektierte naive Begeisterung für Israel. Gelegentlich gab es in Nes Ammim die auch in Europa unter israelbegeisterten Christen beliebte Unsitte, am Gründonnerstag die Einsetzung des Mahles des Herrn mit einem christlich modifizierten Sedermahl zu begehen. Zu lernen war an diesem Beispiel, wie Christen das Judentum missbrauchen, um es für sich zu vereinnahmen, und dass in solcher Vereinnahmung das gleiche Überlegenheitsgefühl zum Ausdruck kommt, von dem Nes Ammim sich radikal abwandte.

Es gibt auch eine christliche Vereinnahmung des Schabbats, besonders in der Art und Weise, seinen Beginn, den „Erev Schabbat" angemessen zu begehen. Die Eröffnung der festlichen Mahlzeit am Freitagabend mit den Segenssprüchen über Licht, Wein und Brot ist ein jüdischer religiöser Ritus. Von Rabbinern haben wir in Nes Ammim gelernt, dass aus jüdischer Perspektive auch Nicht-Juden dieses religiöse Ritual am Erev Schabbat vollziehen können, weil der Schabbat anders als die jüdischen Feste nicht nur Israels Sache ist, sondern Gottes Geschenk für alle Völker und die gesamte Schöpfung.

Das ermöglichte der christlichen Gemeinschaft in Nes Ammim, den Erev Schabbat mit einem jüdischen Ritual zu begehen. Aber solche Erlaubnis setzt voraus, dass dem jüdischen Ritus mit Respekt begegnet wird, und er nicht verchristlicht wird durch Lesungen aus dem Neuen Testament, Anspielungen auf das Mahl des Herrn oder christliche Lieder. Wir haben den Erev Schabbat immer so zu feiern, als ob Juden am Tisch säßen. Und wenn sie anwesend sind, bitten wir sie, die Feier zu leiten.

Diese „Begegnung mit dem Fremden" schließt nicht aus, sondern wird als Einladung an den Tisch der anderen erfahren. Mit der Feier des fremden Rituals kann die christliche Gemeinschaft zur einladenden Gemeinschaft werden für andere, die ebenfalls nicht der jüdischen Religion angehören. Das ist Muslimen und Angehörigen anderer oder keiner Religion deutlich zu machen, die für die Zukunft in der Nes-Ammim-Gemeinschaft erwartet werden. Dass seit Jahrzehnten in Nes Ammim über eine angemessene Feier des Erev Schabbat diskutiert wird, zeigt, welch intensive Lerngelegenheit sich hier – auch für die Zukunft – bietet.

„Von Juden lernen" heißt nicht nur von ihrer Religion lernen. Dazu gehören auch Landschaft und Geschichte des Landes, die durch Tageswanderungen und den Besuch von Ausgrabungsstätten erschlossen werden. Das dreitägige Seminar in der Negev-Wüste zeigt Lebensbedingungen von Beduinen in Vergangenheit und Gegenwart im Kontrast zum Leben in Galiläa. Mehr als in der Diaspora kann man im Staat Israel die Vielfalt des Judentums auf engstem Raum kennenlernen. Von der „Rolle der Armee in der israelischen Gesellschaft" reicht das Themenspektrum über Tänze, Töpfern, Musik und Küche bis zur „Wechselwirkung von hebräischer Sprache und hebräischer Kultur".

II. Von Juden lernen – in der Reflexion der Schoah

Einen besonderen Raum nimmt seit jeher im Studienprogramm die Auseinandersetzung mit der Shoah und ihren Wurzeln ein. Jahr für Jahr wird nach wie vor deutlich, wie hoch der Informations- und Reflexionsstand der europäischen Freiwilligen ist, schon bevor sie nach Israel kommen. Nicht nur in Deutschland wird das Thema bis heute in der schulischen Bildung vielfältig traktiert. Und Freiwilligen, die sich für einen Dienst in Israel entschieden haben, können wir hierzu kaum etwas Neues erzählen.

Neu zu lernen ist für die meisten Freiwilligen aber die unterschiedliche Rezeption der Schoah in Staat und Gesellschaft Israels und die innerjüdische Diskussion über eine entsprechende Fortentwicklung der Schoah-Rezeption. Dazu gehörte früher ein dreitägiges Kompaktseminar in Gedenkstätte und Museum im Nachbarkibbuz Lochame HaGeta'ot. Dies ist in ein ganzjähriges Curriculum zur Schoah verändert worden, zu dem nach wie vor der Besuch in Lochame HaGeta'ot gehört, aber auch einer in Yad Vashem.

Eine wichtige Lernerfahrung ist die gemeinschaftliche Vorbereitung und Durchführung der jährlich stattfindenden Gedenkfeier zur Kristallnacht am 9. November, für die in einem längeren Prozess Europäer gemeinsam mit Israeli jedes Jahr eine Konzeption entwickeln. Schon in der Beteiligung jüdischer, palästinensischer und deutscher Redner an der Feier wird sichtbar, wie das Gedenken der Vergangenheit der Bewältigung von Gegenwart und Zukunft in Israel dient (siehe Seite 33-34).

Besonderes Interesse finden die persönlichen Begegnungen mit Überlebenden der Schoah, die nach Israel eingewandert sind, und die zum Teil seit Jahrzehnten mit Nes Ammim verbunden sind. Die Lebensgeschichten zu hören, ist auch deshalb bewegend, weil dabei deutlich wird, wie die Lebensfreude der Überlebenden nicht nur durch die Erinnerung an das Grauen getrübt wird, sondern auch durch die nicht aufhörende Frage „Warum bin ich davongekommen?"

Traumatisiert sind auch deren Kinder und Enkel, die oft erst nach Jahren vom Schicksal ihrer Eltern und Großeltern erfahren haben. In der letzten Zeit gibt es verstärkt Begegnungen mit diesen Gruppen. Einige bemühen sich nämlich, das in ihrer Kindheit tabuisierte Deutsch neu oder wieder zu lernen. Mitglieder solcher besonderen Sprachkurse haben oft den Wunsch, mit den „neuen Deutschen" zu sprechen, was zu bereichernden Begegnungen mit Freiwilligen aus Nes Ammim führt (siehe Seite 31-33).

Neben der staatlich organisierten gigantischen Abschlussveranstaltung des Jom haSchoa in der Arena von Lochame HaGeta'ot haben wir auch eine alternative Gedenkveranstaltung besucht (siehe Seite 32-33).

III. Von Juden lernen – im ökumenischen Dialog

Von allem Anfang an stand Nes Ammim mit palästinensischen oder wie man damals sagte mit arabischen Christen im Gespräch. Dieser Dialog mit den orthodoxen, katholischen und protestantischen Kirchen des Landes hat sich in den letzten Jahren vertieft und verstärkt und wurde auch den Freiwilligen von Nes Ammim mehr und mehr zugänglich gemacht. Der theologische Paradigmenwechsel im Verhältnis von Christen und Juden, dem sich Nes Ammim verdankt, ist für die palästinensischen Christen eine große Herausforderung.

Manche palästinensischen Theologen deklarieren das Thema der christlich-jüdischen Beziehungen kurzerhand als europäisches oder deutsches Spezialproblem, von dem sie sich meinen dispensieren zu können. Und manche Theologen aus Europa bestärken sie darin, indem sie das Zauberwort von der „kontextuellen Theologie" bemühen, als ob der Antijudaismus in Theologie und Kirche nur ein Problem im westlichen, europäischen oder gar nur im deutschen Kontext sei.

Der Paradigmenwechsel im Verhältnis von Christen und Juden verdankt sich der Reflexion über das Unrecht, das Juden viele Jahrhunderte lang bis hin zur Schoah angetan wurde. Ihm ging das Erschrecken über die eigene Schuld, und dann Reue und Umkehr voraus. Umdenken und Umkehr sind leichter, wenn wir die Täter und Juden die Opfer sind. Die Palästinenser machen andere Erfahrungen in ihrem Kontext. Sie sagen: „In und um Israel begegnen wir Palästinenser den Juden im Kontext von Kriegen und gewaltsamen Konfrontationen. Wir erleben Juden als Eroberer und Besatzer. Juden haben unsere Dörfer zerstört und die Bewohner vertrieben. Wir leiden im jüdischen Staat unter vielen Benachteiligungen und in den von Israel besetzten Gebieten unter massivem Unrecht."

Der andere Kontext erschwert die Lernaufgabe. Aber er entbindet keine Kirche von der Verpflichtung, den eigenen Antijudaismus zu erkennen und aufzuarbeiten. So wird der Lernprozess zur ökumenischen Aufgabe (siehe Seite 56). Für die Europäer besteht die Herausforderung darin, sich in die Rolle der palästinensischen Christen hineinzudenken und dann noch einmal neu ihr Programm „Von Juden lernen" zu durchdenken, um für den europäisch-palästinensischen Dialog sprachfähig zu werden. Und umgekehrt: Die intensive Zusammenarbeit zwischen Nes Ammim und den palästinensischen Baptisten führte dazu, dass diese sich für ihr Bible College in Nazaret und Bethlehem europäische Theologen und Theologinnen erbitten, die aus den Erfahrungen des christlich-jüdischen Dialoges in Europa und Amerika Palästinenser und Palästinenserinnen unterrichten sollen. Sie erbitten Hilfe, um zu erkennen, was z.B. das Verständnis des Alten und Neuen Testaments erschwert oder verhindert. In solcher Kooperation können palästinensische und europäische Theologien, die jeweils ihren Kontext kritisch reflektieren, voneinander lernen und so zum gemeinsamen Erkenntnisfortschritt beitragen.

IV. Von Juden lernen – im interreligiösen Dialog

„Von Juden lernen" sollte zur allgemeinen Dialogfähigkeit führen, auch wenn der interreligiöse Dialog in Nes Ammim gerade erst beginnt. Angebote zum christlich-muslimischen Dialog für Freiwillige gibt es bisher nur gelegentlich. Eine dieser Begegnungen ist erzählenswert (siehe Seite 67-68). Der interreligiöse Dialog in Nes Ammim wird anschaulich in dem Kunstwerk „Ächad" (Eins), das die jüdisch-israelische Künstlerin Tova Heilprin aus Tel Aviv 2005 Nes Ammim vermacht hat, und das seitdem das Atrium im House of Prayer and Study schmückt (siehe Seite 59-61).

V. Von Juden lernen – im politischen Konfliktfeld

Im Studienprogramm spielen neben dem ökumenischen und interreligiösen Dialog zunehmend Diskussionen über den politischen Nahost-Konflikt eine Rolle. Das der benachbarten Gedenkstätte Lochame HaGeta'ot angeschlossene Zentrum für Humanistische Bildung ist dabei ein wichtiger Kooperationspartner für Nes Ammim. In dieser jüdischen Institution lernen wir, wie Versöhnung zwischen Juden und Palästinensern durch wechselseitige Wahrnehmung ihrer Leidensgeschichten in Schoah und Nakba möglich ist. Begonnen hat die Arbeit des Zentrums damit, palästinensischen Jugendlichen die Bedeutung der Schoah für den Staat Israel nahezubringen. Und dann setzte ein Lernprozess bei denen ein, die die anderen belehren wollten. Juden mussten hörfähig werden für die Erfahrungen der Palästinenser in der Nakba, um sprachfähig zu werden für Palästinenser im Blick auf die Schoah. Heute können sie im Rückblick auf die letzten fünfzehn Jahre erzählen, wie dieser Lernprozess sie bereichert und gefördert hat, und wie erst diese Lernerfahrung den heute im Zentrum gepflegten Dialog über Schoah und Nakba zwischen Juden und Palästinensern ermöglicht hat, in dem jüdische und palästinensische Israeli vertrauensvoll zusammenarbeiten.

Solche mühevollen Prozesse führen am Ende zu einer differenzierten Sichtweise. Dabei lernen wir genauso von Palästinensern, christlichen wie muslimischen, wie wir dabei von Juden lernen. Wir lernen von denen, die sich für Gerechtigkeit und Frieden einsetzen, obwohl sie auf beiden Seiten heute noch in der Minderheit sind. Die Asymmetrie bleibt bestehen: Wir Europäer sind in diesem Konflikt die Lernenden, nicht die Belehrenden. Aber sie erweitert sich: Wir lernen von Juden und Palästinensern.

Wir lernen, wie differenziert der arabisch-jüdische Krieg gesehen werden muss. Schlagwörter wie „ethnische Säuberung" vermitteln demgegenüber ein Schwarz-Weiß-Bild, das der Realität nicht gerecht wird. Von einem palästinensischen Freund lernen wir, dass trotz der Leidensgeschichte seiner Familie Versöhnung möglich ist, die das Unrecht nicht einfach beiseiteschiebt (siehe Seite 121-122). Und wir lernen, dass es auch in Palästina jüdische Leidensgeschichten gegeben hat (siehe Seiten 36, 98 und 122).

Zum Studienprogramm gehören Begegnungen mit Menschen und Institutionen in Israel und in den besetzten Gebieten, die ebenfalls den Versöhnungsprozess fördern. Oft sind wir bei Oberschülern im

Leo-Baeck-Bildungszentrum in Haifa zu Gast. Newe Schalom (Wahat al-Salam), Talitha Kumi und Abrahams Herberge in Beit Jala gehören ebenso dazu wie das „Offene Haus" in Ramle (siehe Seite 75-76).

Die Studienarbeit Nes Ammims ist nicht der Neutralität verpflichtet. Eher ist es eine Position „zwischen den Stühlen", also eine der wechselnden politischen Parteinahme. Wir treten für die Rechte der Palästinenser ein, ohne zu Gegnern Israels zu werden. Und wir sind mit Israel solidarisch, wenn es ungerechtfertigt oder unverhältnismäßig kritisiert oder angegriffen wird. Dabei nimmt Nes Ammim nicht die Rolle des Belehrenden „von außen" oder gar „von oben herab" ein. Davor bewahrt uns die Grundposition Nes Ammims, zunächst Lernende zu sein. „Von Juden lernen" das heißt hier von bestimmten Juden lernen, und wenn wir von ihnen lernen, lernen wir zugleich von bestimmten Palästinensern. Wir stehen an der Seite derjenigen Bewohner Israels, die den Versöhnungs- und Friedensprozess fördern. Nes Ammim stärkt deren Position, ohne sich von dem Etikett „links", das ihm wie ihnen dann flugs angeheftet wird, irritieren zu lassen.

Das dreitägige Jerusalem-Seminar präsentiert darum nicht nur die „Stadt der drei Religionen", sondern auch die „Stadt der zwei Völker". Das dreitägige Westbank-Seminar wird zweimal jährlich angeboten, damit alle Freiwilligen die Möglichkeit haben, Israel auch aus der Sicht der Palästinenser in den besetzten Gebieten kennenzulernen. Und Freiwillige aus Jerusalem und der Westbank werden eingeladen, für einige Tage in Nes Ammim und in Galiläa gegenteilige Lernerfahrungen zu machen (siehe Seite 87-89).

Wir versuchen, den Widerspruch auszuhalten, auch den Kontrast zu unseren Erfahrungen in Nes Ammim, wo Juden und Palästinenser einander vertrauensvoll begegnen. Wir wollen die schwierige Lektion lernen, für Palästinenser einzutreten, ohne zu Gegnern Israels zu werden.

Freiwillige und Studiengruppen, die intensiv am Studienprogramm teilgenommen haben, wissen, was sie ihm verdanken. Sie verlassen das Land irritierter, als sie gekommen sind – und das kann als Lernerfolg verbucht werden. Denn Irritation ist Motor des Lernens. Und das muss auch nach einem Aufenthalt in Nes Ammim weitergehen.

Die Geschichte einer ungewöhnlichen Berufung

Das Porträt einer einzigartigen Persönlichkeit und engagierten
Missionarin: Begleitet von Hund und Esel wandert die Pfarrerin durch
die Schweiz und bringt Menschen den Glauben an Gott nahe.

Hetty Overeem
Die Wanderpfarrerin
Mit Esel, Hund und Tipi unterwegs zu den Herzen der Menschen
gebunden, 304 Seiten, ISBN 978-3-7615-6098-3